Heike J. von Othegraven · Feng Shui im Pferdestall

Handbuch für Pferdebesitzer

Heike J. von Othegraven

Feng Shui im Pferdestall

Müller Rüschlikon

Einbandgestaltung: Nicole Lechner
Titelfoto und Foto auf der Buchrückseite: Christiane Slawik
Bildnachweis: siehe Seite 126

ISBN 3-275-01350-5

1. Auflage 2000

Redaktion: Sigrun Zühlke
Herstellung: Marit Wolff
Reproduktion: digi bild reinhardt, 73037 Göppingen
Druck: Maisch & Queck, 70839 Gerlingen
Bindung: K. Dieringer, 70839 Gerlingen
Printed in Germany.

INHALT

Inhalt

Die Autorin

Heike J. Freifrau von Othegraven befasst sich seit vielen Jahren intensiv mit der chinesischen Feng-Shui-Philosophie. Die langjährige Reiterin und Pferdehalterin wendet Feng Shui sehr erfolgreich in der Praxis an. Sie lebt mit ihrer Familie, ihren Pferden und vielen anderen Tieren auf einem Resthof in Nordhessen.

ZU DIESEM BUCH

Positive Energie: Wie wohl sich Ihr Pferd fühlt, hängt auch von der Atmosphäre in seiner direkten Umgebung ab.

Haben Sie sich schon einmal gefragt, warum Ihr Pferd in dem einen Stall so viel ausgeglichener war als in einem anderen? Warum es in der einen Box unruhig war und sich aggressiv gegenüber anderen Pferden verhielt, obwohl es eigentlich ganz verträglich ist?
War vielleicht auch die Arbeit unter dem Sattel auf dem Reitplatz nicht gerade harmonisch? Aber kaum waren Sie ein paar Meter vom Hof entfernt, ritten Sie wieder Ihr braves Verlasspferd?
Dies könnte damit zusammenhängen, dass der Stall im Sinne des Feng Shui einen ungünstigen Standort hatte, dass die Box für Ihr Pferd ungünstig lag oder Ihr Vierbeiner negativen Energieströmen ausgesetzt war.

In diesem Buch erläutere ich, wie Sie mit Hilfe des Feng Shui die Lage Ihres Stalles beurteilen und ihn optimal gestalten können. Ich zeige, wie Sie einen Neubau planen, einen Altbau umbauen oder aber eine Box mit verschiedenen Hilfsmitteln für Ihr Pferd verbessern und damit seine Lebensqualität erhöhen können. Dazu gehören die Aufteilung und Anlage des Grundstücks durch Wege und Bepflanzung ebenso wie die Gestaltung der Räume mit Farben und die Verwendung von Glück bringenden und Schaden abwehrenden Symbolen.
Ich wünsche Ihnen und Ihren Pferden viel Glück und Erfolg – und hoffe, dass dieses Buch einen kleinen Beitrag dazu leisten kann!

Heike J. von Othegraven

WAS IST FENG SHUI?

Was ist Feng Shui?

Gutes Feng Shui: positive runde Formen in einem Laufstall.

»Feng Shui ist immer wirksam, auch wenn Sie nicht daran glauben«, sagte mir einmal ein alter Mann bei einem Feng Shui-Seminar.

Im Einklang mit der Natur

Feng Shui ist die chinesische Kunst der Gestaltung des Lebensraums im Einklang mit den Kräften der Natur, mit dem Ziel, günstige Einflüsse zu verstärken und ungünstige Einflüsse zu neutralisieren. Feng Shui ist aber auch die Analyse der verschiedenen Naturkräfte und ihrer Wirkung auf die Lebensqualität des Menschen. Die Lehren des Feng Shui sind eng mit der chinesischen Weltanschauung, Philosophie, Kultur und Mythologie verwoben und gehen auf über 5000 Jahre alte, klassische chinesische Texte zurück, vor allem auf das Buch der Wandlungen, das *I Ging*. Im Laufe der Jahrhunderte wurden diese Texte immer wieder neu ausgelegt.

Heute ist Feng Shui angereichert mit den Erkenntnissen aus jahrhundertelanger praktischer Erfahrung, der Beobachtung von Umwelteinflüsssen auf das Leben der Menschen, mit einer Kompasslehre und einer reichhaltigen Symbolik. Feng Shui bedient sich einer bildhaften anschaulichen Sprache und bezieht auch mündliche Überlieferungen und volkstümliche Spruchweisheiten ein.

Die Renaissance des Feng Shui

Seit einigen Jahren erlebt Feng Shui eine wahre Renaissance: Städteplaner und Architekten richten sich nach den Lehren des Feng Shui, große Firmen, Banken und Geschäftsleute lassen ihre Büro- und Arbeitsräume von Feng Shui-Experten gestalten, um die Arbeitsatmosphäre zu verbessern und den wirtschaftlichen Erfolg zu fördern. Es gibt Landschafts-Feng Shui, Wohnungs-Feng Shui, man kann nach Feng Shui kochen, leben und lieben.

Um Feng Shui allerdings wirklich zu verstehen und ein Meister darin zu werden, muss man sich sehr intensiv mit der chinesischen Weltanschauung auseinander setzen und sich tief in das chinesische Denken einarbeiten.

Einfache Mittel – große Wirkung

Aber auch ohne langjähriges Studium können Sie Ihren Lebensraum und den Ihres Pferdes verbessern, wenn Sie versuchen, die Grundgedanken des Feng Shui zu verstehen, und einige einfache Regeln beachten. Es gibt eine Menge Hilfsmittel, die auf unseren Kulturkreis übertragen werden können und so ihre Wirkung entfalten.

In einigen Bereichen, etwa bei der Wirkung der Farben auf unser Wohlbefinden, unterscheiden sich unsere kulturellen Gewohnheiten stark von denen in China – so gilt für die Chinesen Weiß als die Farbe der Trauer, auf uns dagegen wirkt Weiß festlich und fröhlich.

In diesen Fällen habe ich die Anregungen aus dem Feng Shui aufgegriffen und auf unsere hiesigen Verhältnisse übertragen. Einige Hilfsmittel, die ich verwende, stammen aus anderen Bereichen alten Wissens, lassen sich aber sehr gut mit Feng Shui kombinieren. Dazu gehören beispielsweise Glücksbringer, die schon seit Urzeiten eingesetzt werden.

Feng Shui rund um den Pferdestall

Da der Pferdestall meist nicht so stark unterteilt ist wie ein Wohnhaus und unsere Pferde sich idealerweise draußen aufhalten sollten, spielt für den Pferdestall vor allem das Landschafts-Feng Shui eine wichtige Rolle, also die Interpretation der Landschaftsformen, die Auswahl eines geeigneten Standortes und die harmonische Gestaltung des Grundstücks. Hinzu kommt die Verbesserung des Stallgebäudes mit Hilfe von Bepflanzung, Licht und Farbe.

Da Feng Shui in allen Bereichen des Lebens wirksam ist, kann es auch bei unseren Tieren das Wohlbefinden erhöhen, Krankheiten abwehren und dem Leben eine positive Richtung geben.

Probieren Sie die verschiedenen Möglichkeiten einfach aus und lassen Sie sich Zeit, die Wirkungen zu erfahren. Lassen Sie sich nicht beirren, wenn die anderen Einsteller in Ihrem Stall Sie zweifelnd von der Seite her ansehen, sondern überlegen Sie sich genau, was Sie gern verbessern würden, und versuchen Sie es dann.

Eine Frage der Zeit ...

Als ich vor mehr als zwanzig Jahren anfing, Pferde physiotherapeutisch zu behandeln, wurde ich ausgelacht. Heute ist es völlig selbstverständlich, sein Pferd vom Chiropraktiker, Physiotherapeuten oder Masseur behandeln zu lassen.

Wenn Heilungen nicht so recht vorankommen, wird immer öfter ein Heilpraktiker zu Rate gezogen.

Auch in der Humanmedizin haben sich alternative Behandlungsmöglichkeiten aus der Traditionellen Chinesischen Medizin, wie zum Beispiel die Akupunktur, schon sehr weit durchgesetzt.

Wenn ich heute im Stall Flöten aufhänge, lachen die Leute wieder über mich und schütteln die Köpfe: »Meinst du wirklich, dass deine Pferde sich wohler fühlen, wenn du solche Dinge aufhängst? Das sind doch Sachen aus einem anderen Kulturkreis, das ist doch nichts für hier.«

In ein paar Jahren wird man wie selbstverständlich einen Feng Shui-Berater holen, wenn man eine neue Reitanlage oder einen Stall plant, so wie man heute den Physiotherapeuten zu Rate zieht, wenn das Pferd Verspannungen hat.

»Die Güte siegt über das Ungute,
wie das Wasser über das Feuer siegt.
Aber heute übt man die Güte so aus,
als wolle man mit einem Glas Wasser
einen Wagen voll brennenden Reisig löschen
und, wenn die Flammen nicht erlöschen,
behaupten, dass Wasser kein Feuer lösche.
So wird das Ungute befördert,
und schließlich geht die Güte zu Grunde.«

Mong Dse

DIE GRUNDIDEEN DES FENG SHUI

■ *Lernen Sie, genau hinzuschauen: Nach den Regeln des Feng Shui müsste hier die obere Querlatte entfernt werden, und die Bäume sollten ausgelichtet werden.*

»Günstiger himmlischer Einfluss, Glück bringende Topografie, harmonisches menschliches Wirken. Dies sind die drei Faktoren, die günstiges Feng Shui ausmachen.«

(Aus: Das große Buch des Feng Shui, Lillian Too, Delphi bei Droemer Knaur 1997)

Im Folgenden werde ich Ihnen einige Grundgedanken des Feng Shui näher bringen, die wichtig sind, wenn Sie Grundstück und Stall harmonischer gestalten und etwas für das Wohlbefinden aller Bewohner tun wollen: das Konzept des Gleichgewichts von Yin und Yang, die Betrachtung der Umgebung Ihres Stalles mit den verschiedenen Landschafts- und Grundstücksformen, die Bedeutung der Symboltiere, der Elemente und der Himmelsrichtungen.

Der Fluss des Chi oder: Was die Welt im Innersten zusammenhält

Feng Shui heißt »Wind und Wasser« und bezeichnet die elementaren Naturkräfte, aus denen Leben entsteht.

Chi, den Wind, den kosmischen »Atem« des Drachens, nennen die Chinesen die Lebensenergie. Es ist die Kraft, die aus einer Zelle ein Lebewesen entstehen lässt, aber auch aus einem sanften Bächlein einen reißenden zerstörerischen Fluss macht und von einem sanften schneebedeckten Hang eine Lawine abgehen lassen kann.

Chi ist die Kraft, die einen Körper am Leben und in Bewegung hält; wenn in einem Körper das Chi nicht mehr optimal zirkulieren kann, wird er krank.

Chi durchdringt die gesamte Natur, menschliches, tierisches und pflanzliches Leben – eine unbelebte Natur gibt es in der chinesischen Weltsicht nicht. Landschaften, Berge, Flüsse und Seen haben ihr eigenes Chi. Es wirkt sich positiv aus, wenn es in weichen Bahnen fließen kann.

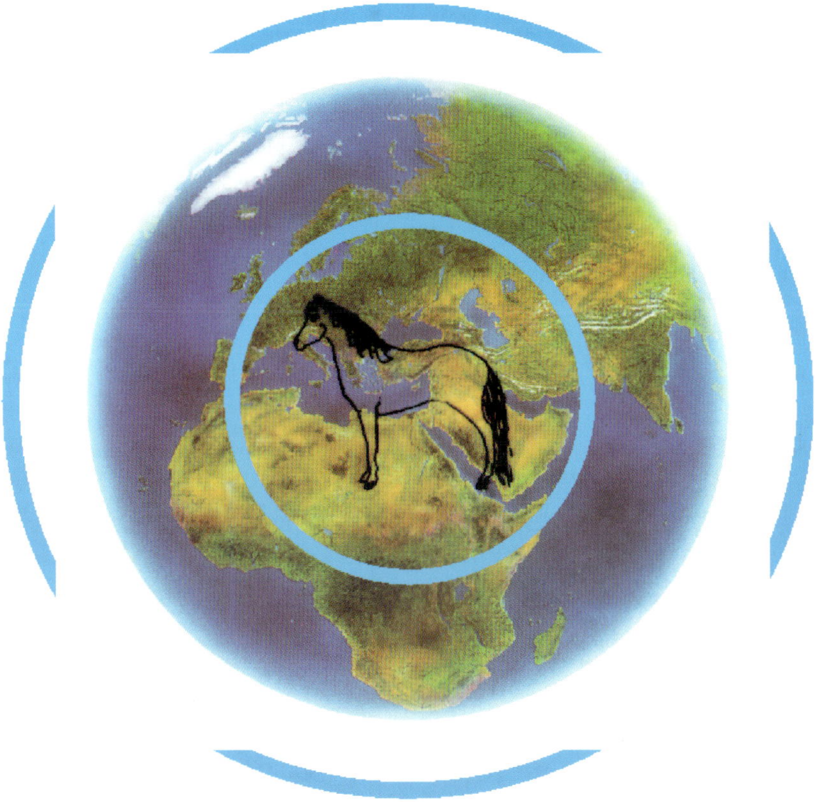

Starke Kräfte: Unsichtbare Energieströme umfließen jedes Lebewesen auf dieser Erde.

Die Kehrseite: »Sha«

Sha bedeutet »ungünstiger Einfluss«. Sha ist immer und überall, ebenso wie Chi. »Sha« entsteht, wenn zu viel Chi zu schnell fließt. Es wird durch scharfe oder spitze Strukturen und Gegenstände erzeugt und bewegt sich in geraden Linien fort. Diese negative Wirkung wird im Feng Shui auch als »Giftpfeil« bezeichnet, der von geraden spitzen Strukturen ausgeht und das Wohlbefinden empfindlich stören kann. Dazu gehören zum Beispiel schnur-

■ *Sanft eingebettet: Eine solche Hügellandschaft verspricht günstiges Feng Shui.*

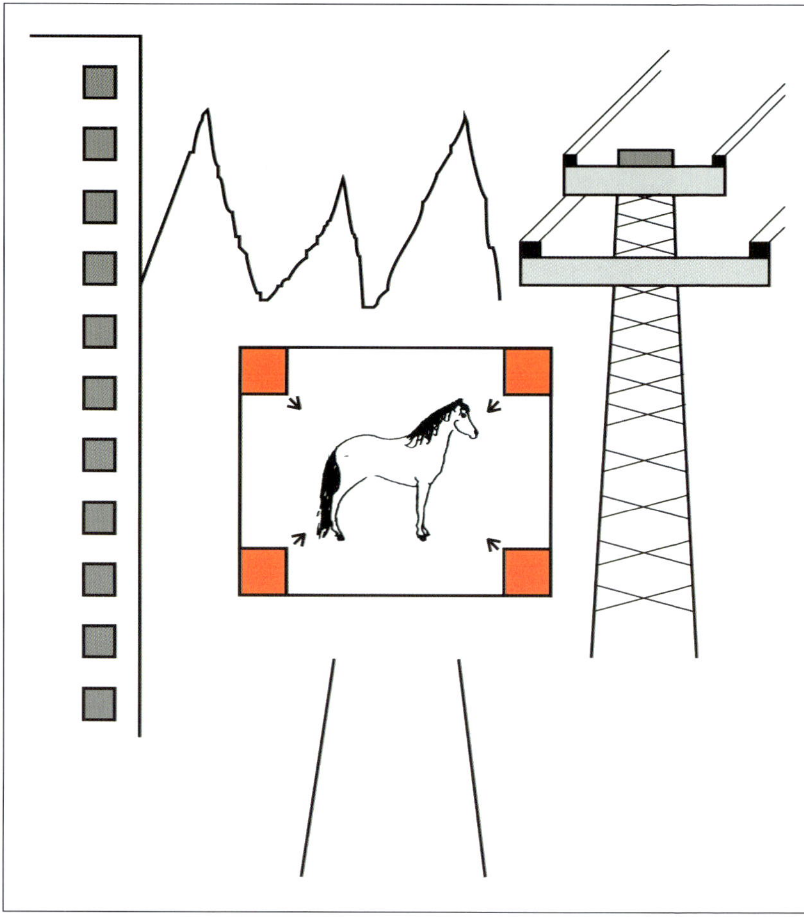

Negative Einflüsse: In der Nähe von schroffen Berggipfeln, Strommasten, Hochhäusern und Autobahnen wird Ihr Pferd sich nicht wohl fühlen.

gerade Autobahnen, kanalisierte Flüsse oder Hochspannungsleitungen, aber auch spitze Dachgiebel, frei liegende Balken und vorspringende Ecken in Wohnräumen.

Feng Shui versucht, den Fluss des Chi zu verbessern und so die positiven Energien zu bündeln und die negativen zu neutralisieren. Es steht dabei im Einklang mit dem, was der gesunde Men-

schenverstand und die eigene Erfahrung raten, eröffnet aber auch viele neue Perspektiven und Möglichkeiten.
Ein Beispiel: Wenn Sie bei der Arbeit mit dem Rücken zu einer Tür sitzen müssen, werden Sie immer unruhig erwarten, dass jemand eintritt, worunter auf Dauer Ihre Konzentration leidet und wodurch Ihre Arbeitskraft geschwächt wird. Aus der Perspektive des Feng Shui sind Sie in dieser Position ungünstigem »Sha« ausgesetzt. Führt ein langer gerader Flur wie ein Pfeil direkt auf Ihre Tür, verstärkt sich die negative Wirkung. Sie können sich dem negativen Einfluss entziehen, indem Sie Ihren Schreibtisch umstellen und so Ihre Arbeitsatmosphäre verbessern. Ein anderes Beispiel: Öffnet sich eine Tür zu einer Wand hin, so dass man sich um die Türe herum bewegen muss, um in den Raum zu gelangen, wird man unsicher; man wird sich nicht willkommen fühlen und in diesem Raum nur schwer zur Ruhe kommen. Der Fluss des Chi wird in diesem Fall durch die ungünstige Lage der Tür behindert.
Wenn Sie Ihren Stall umbauen und die Tür(en) dabei harmonischer anordnen, können Sie den Fluss des Chi in diesem Gebäude verbessern, und die Pferde werden sich darin wohler fühlen. Falls Sie nicht umbauen können, können Sie auch einen Spiegel gegenüber der Tür anbringen, um den Stall damit optisch zu vergrößern und die negative Wirkung der Wand zu neutralisieren.

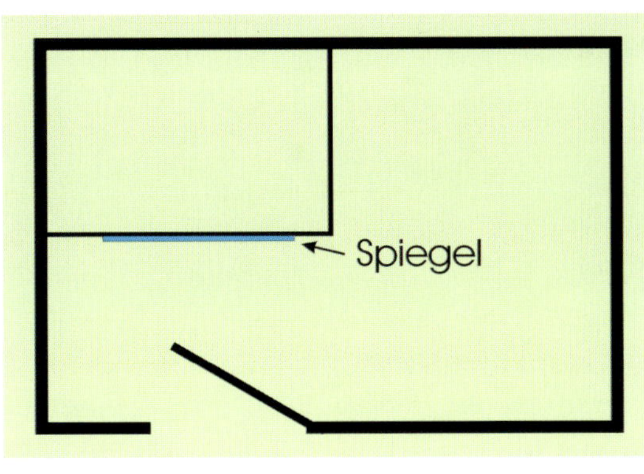

Ein Spiegel gegenüber der Tür kann den Stall optisch vergrößern.

■ *Durch einen so langen geraden Futtergang saust das Chi unaufhaltsam hindurch. Damit es den Bewohnern zugute kommen kann, sollte es mit Klangspielen oder Mobiles verwirbelt werden.*

■ *Ein Mobile oder ein Windspiel in Bewegung erzeugt positives Chi.*

Das Chi verwirbeln

Es ist bekannt, dass in unseren modernen schall- und wärmeisolierten Häusern die Luft schlechter zirkulieren kann, als in vielen Altbauten. Das führt dazu, dass die Wände leicht feucht werden, Staub, Milben und Schimmelpilze sich häuslich einrichten und die Wohnqualität schlechter wird. In so von der Außenwelt abgeschotteten Gebäuden kann auch das Chi nicht ungehindert fließen.

Windspiele können den Fluss des Chi in einem Raum verwirbeln und die positive Wirkung des Energieflusses verstärken. Voraussetzung ist allerdings, dass die Luft in den Räumen zirkulieren und das Chi durch das Haus oder die Wohnung fließen kann, zum Beispiel weil Sie öfter lüften oder die Fenster im Sommer gekippt lassen. Wenn Sie nun ein Windspiel aufhängen, können Sie den Fluss des Chi hörbar machen. Die angenehmen Töne verbessern die Atmosphäre noch zusätzlich.

In den meisten Pferdeställen ist die Luftzirkulation zum Glück besser. Unsere Pferde leben im Kaltstall, weil dies ihrem Naturell entspricht. Hier herrscht ein ständiger Luftaustausch, weil Fenster und Türen in der Regel nicht so abgedichtet sind wie in einem Wohnhaus. Hier werden Windspiele immer den Fluss des Chi verwirbeln und ein positives Raumklima schaffen.

Feng Shui und der unbewusste erste Eindruck

Wenn wir unserem *gesunden Menschenverstand* vertrauen, stellen wir oft fest, dass die Erkenntnisse des chinesischen Feng Shui gar nicht so weit von dem entfernt sind, was wir empfinden, wenn wir *unserem Bauch, unserem Gefühl* oder *unserem ersten Eindruck* folgen, den wir beim Betreten eines Raumes oder beim Kennenlernen eines Menschen haben. Wie oft stellt sich im Nachhinein, manchmal erst nach langer Zeit heraus, dass im Grunde der allererste Eindruck der Richtige war. Wenn dann etwas schief geht, sagt man oft: »Das habe ich doch gleich gewusst, aber leider habe ich nicht auf meinen Bauch / mein Gefühl gehört.«

DIE UMGEBUNG DES STALLES

Hier kann das Chi nicht ungehindert fließen. Der große Baum sollte entweder entfernt oder durch Spiegel entschärft werden.

Tiere haben ein viel feineres Empfinden für den Chi-Strom als wir Menschen und reagieren schon auf die kleinsten Schwingungen. Bevor Sie sich für einen neuen Stall entscheiden, sollten Sie sich die Umgebung genau ansehen: Ist sie frei und offen oder eher düster und trist? Zielt eine Straße gerade auf den Stall, oder liegt er direkt an einer Autobahn? Bilden Hügelketten einen Schutz, oder steht ein dichter dunkler Wald bedrohlich nahe am Stall?
Feng Shui bietet die Möglichkeit, das Leben jedes Einzelnen bestmöglich in seine Umwelt zu integrieren. Ganz wichtig ist dabei immer die Ausgewogenheit positiver und negativer Einflüsse, die in der chinesischen Philosophie als die Harmonie von Yin und Yang beschrieben wird.

Das Prinzip der Harmonie von Yin und Yang

»Wenn alle auf der Welt
das Schöne als schön erkennen,
so ist dadurch auch das Hässliche erkannt.
Wenn alle auf der Welt
das Gute als gut erkennen,
so ist dadurch auch das Böse erkannt.
Denn: Sein oder Nichtsein
erzeugen sich gegenseitig.
Das Schwere und das Leichte
vollenden sich gegenseitig.
Lang und kurz bedingen einander.
Hoch und tief bewirken einander.
Ton und Stimme vermählen sich einander.
Vorher und nachher folgen einander.
Und so ist der Weise:
Er wirkt, ohne zu handeln.
Er belehrt, ohne zu reden.«
Laotse

Schlechtes Feng Shui: Der Fluss und die Straße reißen das Chi mit sich fort, im Hintergrund droht ein Gebirge mit spitzen Kuppen.

Die Formen der Landschaft

Jede Landschaft erzeugt Yin- und Yang-Energie; wenn Yin und Yang im Gleichgewicht miteinander stehen, entsteht positives Chi. Dem Yin und Yang werden verschiedene Merkmale zugeordnet, wie das Dunkel (Yin) und das Licht (Yang), die sich in der Natur ergänzen: Morgens kommt Licht in das Dunkel, und abends kommt Dunkel ins Licht. Der Berg (Yang) im Licht (Yang) erzeugt Schatten (Yin) in der Ebene (Yin).

Berge mit spitzen Gipfeln haben zu viel Yang; das Chi kann nicht sanft an ihnen entlanggleiten, sondern wird immer wieder durch Felsvorsprünge und -spalten gestört.

Durch einen langsam fließenden Fluss (Wasser = Yin), der in

Yin und Yang: Wechselspiel von Licht und Schatten in der Natur.

■ *Ein öde, eintönige Landschaft – von Menschenhand geschaffen.*

großen Schleifen durch das Tal (Yin) zieht, wird das natürliche Gleichgewicht wieder hergestellt.
Berge mit abgerundeten Kuppen oder sanfte Hügel lassen das Chi ruhig durch die Landschaft gleiten und haben eine positive Wirkung.
Eine ebene, eintönige Landschaft hat dagegen zu viel Yin, kann aber durch das Anpflanzen von Bäumen, die ein Spiel von Licht und Schatten verursachen, harmonisiert werden.
Das optimale Gleichgewicht zwischen Yin und Yang besteht in einer Landschaft mit sanften Hügeln, Wiesen und Bäumen, durchzogen von einem kleinen, klaren Bach, der sich in sanften Windungen durchs Tal schlängelt.

Eine harmonische Landschaft mit sanften Bergkuppen.

Die Symboltiere im Landschafts-Feng Shui

Zwischen grünem Drachen und weißem Tiger ...

Bestimmte Landschaftsformen werden im Feng Shui als Verkörperung der himmlischen Symboltiere gesehen, denen jeweils besondere Eigenschaften und Himmelsrichtungen zugeordnet werden.

In einer idealen Landschaft stehen die Symboltiere in einer Weise zueinander, welche die Harmonie von Yin und Yang herstellt. Daher spielen sie für die Auswahl eines Grundstücks, der Anordnung der Gebäude darauf oder der Anlage eines Gartens eine wichtige Rolle.

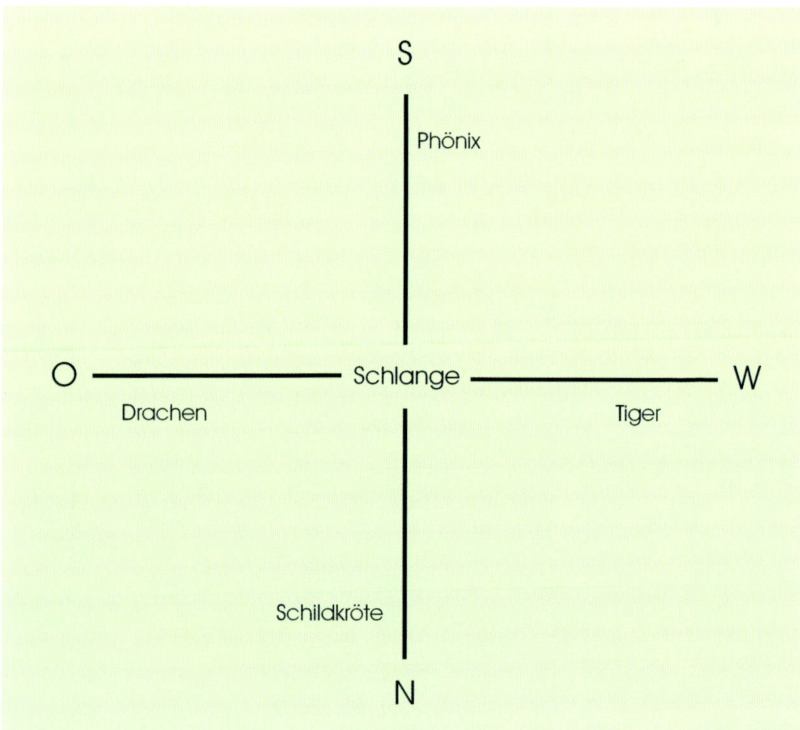

■ *Die Symboltiere und ihre Himmelsrichtungen. In der chinesischen Tradition wird die Windrose so gehalten, dass Süden oben ist.*

■ *Die Schildkröte im Norden ist ein altes Schutzsymbol.*

Die Schildkröte

Die Schildkröte liegt im Norden. Mit ihrem Panzer schützt sie das Haus. Ein Hügel in Form der Schildkröte an der Rückseite des Hauses bewahrt die Bewohner vor Schaden. Weist die Haupteingangstür des Hauses jedoch nach Norden zum Schildkrötenhügel, kann das Unglück bringen. Da der Schildkröte die Farbe Schwarz zugeordnet ist, können Sie eine schützende Wirkung erzielen, indem Sie die Rückseite des Stalles dunkel streichen.

Der Drache

Im Osten liegt der grüne Drache. Er gilt in der chinesischen Weltanschauung als Glücksbringer, der Zuverlässigkeit und Weisheit verkörpert. Der Geist oder kosmische Atem des Drachens beeinflusst die Naturkräfte, die sich

■ *Der grüne Drache im Osten soll Glück bringen.*

in Glück oder Unglück äußern (Chi und Sha Chi). Am liebsten liegt der Drache auf einem erhöhten Platz. Man kann dies auf einem flachen Grundstück wunderschön durch einen kleinen Erdhügel erreichen, den man mit schnell wachsenden Bäumen bepflanzt.

Der Tiger

Gegenüber liegt im Westen der weiße Tiger. Sein Hügel ist immer etwas niedriger als der des Drachen.

Da der Tiger ein Raubtier ist und leicht gefährlich werden kann, sollte man sich hüten, ihn zu stören. Deshalb sollte die Tigerseite des Grundstücks eher ruhig gehalten werden und das Grundstück an dieser Seite zum Beispiel durch eine niedrige Bepflanzung geschützt werden.

Der Phönix

Idealerweise zeigt die Eingangstür eines Gebäudes nach Süden. Vor der Tür sollte eine freie Fläche liegen. Im Süden ist der Platz des roten Phönix, der ausreichend Raum zum Fliegen braucht. Er symbolisiert die ewige Erneuerung. Die Bepflanzung darf dort nur sehr niedrig sein. Besonders schön wirkt zum Beispiel ein Beet mit roten Blumen.

Die Schlange

Im Zentrum der Himmelsrichtungen liegt die Schlange, die unser überliefertes instinktives Wissen symbolisiert. Sie wird von allen vier Tieren beschützt und koordi-

Der Tiger im Westen sollte in Ruhe gelassen werden.

Rote Blumen im Süden versprechen ewige Erneuerung.

Die Schlange im Mittelpunkt beherrscht und koordiniert alle Tätigkeiten und Gefühle.

niert alle Aktivitäten. Sie ermöglicht die Beherrschung unserer Emotionen und schöpft aus der Ruhe die Kraft. Der Mittelpunkt sollte frei bleiben und nicht von Wegen durchkreuzt oder bebaut sein. Auch optisch sollte er eine ruhige, positive Ausstrahlung haben: Hier darf keine Geilstelle sein oder Mist und Unrat lagern. Die Schlange bevorzugt gelbe und erdige Farben, die bei der Gestaltung des Mittelpunktes verwendet werden sollten.
Vielleicht stellen Sie einen Findling aus der Umgebung auf oder verschönern den Platz mit einem runden Blumenbeet.

Dieser Blumentrog bildet einen wunderschönen Mittelpunkt. Die achteckige Form der Stufen gilt im Feng Shui als perfekt, weil sie den acht Himmelsrichtungen entspricht. Die runde Form des Blumentrogs fügt sich harmonisch ein.

■ *Zwei Beispiele für gutes Feng Shui: Eine mächtige Schildkrötenseite bietet Schutz, und von der Drachen- zur Tigerseite hin fällt das Gelände leicht ab.*

Die ideale Lage des Grundstücks

Mit Hilfe der fünf Fabeltiere des Feng Shui können Sie eine praktikable Grundlage zur Anlage Ihres Stalles finden. Wichtig ist zunächst die Schildkrötenseite, also die nach Norden zeigende Rückseite des Stalles. Sie sollte breit und mächtig sein, um als Schutzschild fungieren zu können. Der Drachenhügel auf der linken Seite nach Osten hin sollte etwas höher liegen als die Tigerseite im Westen.

Entweder erhöht sich die Landschaft dort sowieso, oder Sie legen einen Erdhügel an. Alternativ können Sie auch Bäume auf diese Seite pflanzen, allerdings sollten diese schnell wachsen, damit die positive Wirkung möglichst bald eintritt.

Die westliche Seite des Grundstücks zum Tigerhügel hin schützen Sie mit einer niedrigen Bepflanzung.

Der Blick nach Süden zum Phönix hin sollte frei sein und über sanft abfallendes Gelände schweifen können, das idealerweise von einem langsam fließenden Flüsschen durchzogen wird.

In bergiger Landschaft ...

In bergiger Landschaft sollten Gebäude immer auf der flacheren Bergseite, niemals jedoch auf der Kuppe oder am Rand eines Abgrunds errichtet werden. Den Grat eines Berges oder die Hügellinie bezeichnet man auch als den Rücken des Drachens oder die Drachenlinie. Wer sein Haus auf dem Rücken des Drachens baut, muss damit rechnen, dass sich der Drache dagegen wehrt. Heftige Winde auf den Berghöhen tragen darüber hinaus gutes Chi davon.

An einem Hang ist ein ebenes Grundstück immer günstiger als ein abfallendes; auf schrägem Grund sollte das Gebäude in der Mitte stehen, am Fuß eines Abhangs ist es negativen Einflüssen stark ausgesetzt.

(Siehe auch Abbildung auf Seite 44)

■ *Der Wald hinter dem Stall bietet Schutz, das Gebäude steht aber etwas zu dicht daran. Zur Tigerseite hin ist der Stall nicht gut gesichert, zumal hier auch*

noch eine Schnellstraße vorbeiführt. Eine Bepflanzung und das Anbringen eines Spiegels könnten aber Abhilfe schaffen.

Auf dem Rücken des Drachens sollten Sie keinen Stall bauen.

DIE FORM UND ANLAGE DES GRUNDSTÜCKS

Das Grundstück sollte eine regelmäßige Form haben.

Besonders wichtig ist zunächst, dass die Grundstücksform regelmäßig ist. Das heißt, quadratische, rechteckige oder achteckige und runde Formen sind allen anderen Formen vorzuziehen. Trapezförmige Grundstücke sammeln und halten gute Energien, sofern nicht die Vorderseite die schmalere Seite ist.

Am besten ist ein achteckiges Grundstück. Das Achteck symbolisiert die acht Himmelsrichtungen: Norden, Süden, Osten, Westen, Nordosten, Nordwesten, Südosten und Südwesten. Auch der Stall könnte achteckig sein. In einem solchen, fast schon runden Stall hätten die Pferde immer genügend Platz, um ranghöheren Herdenmitgliedern auszuweichen.

Unregelmäßige Grundstücke sind für jeden Feng Shui-Meister eine Herausforderung und bedürfen einer genauen Berechnung, bevor man Maßnahmen zur Verbesserung des Grundrisses ergreift. Vor allem mit Hilfe der Bepflanzung kann man einiges ausgleichen. Ein Grundstück mit vielen Ecken bereitet jedoch auch dem Meister Schwierigkeiten. Eine Möglichkeit, es zu verbessern, besteht darin, es in verschiedene regelmäßige Bereiche aufzuteilen; eine Weide könnte man zum Beispiel durch ein Wäldchen, eine Wasserfläche oder eine Sandkuhle aufteilen und dadurch aufwerten.

Die Gebäude sind meistens im hinteren Drittel des Grundstücks gut aufgehoben. So ist vor dem Eingang ausreichend Platz und die Rückseite durch die Grundstücksbegrenzung gut geschützt.

Der Mittelpunkt oder das Tai Chi

Der Mittelpunkt des Grundstückes, der Platz der Schlange sollte immer harmonisch, sauber und ruhig gestaltet sein. Ein Sitzplatz oder ein Weg würden zu viel Unruhe in das ruhende Tai Chi bringen und den Platz belasten.

Auch auf einer Weide sollte der Mittelpunkt angenehm ins Auge fallen. Platzieren Sie dort einen schönen großen Findling, und lassen Sie kein Unkraut darum wuchern. Auch ein kleines Wäldchen kann hier sehr schön aussehen.

Wenn Sie Steine als Mittelpunkt wählen, sollten diese nach Möglichkeit runde oder ovale Formen haben.

Die Bedeutung des Wassers und der Wege

Das Wasser

Wasser ist neben Wind die zweite wichtige Komponente des Feng Shui und spielt daher auch bei der Beurteilung der Landschaft eine große Rolle. Ohne Wasser gibt es kein Leben, aber die Kraft des Wassers kann auch zerstörerisch wirken. Klares strömendes Wasser, das sich in sanften Windungen durch die Landschaft schlängelt, transportiert Chi und bringt Glück. Ein reißender Fluss in einem geraden Bett kann jedoch gefährlich werden und die gute Energie schnell mit sich forttragen, so dass sie nicht wirksam werden kann.

Sie können Ihren Stall gegen diesen schädlichen Einfluss schützen, indem Sie eine nicht zu hoch werdende Hecke zwischen den Fluss und den Stall pflanzen. Günstig ist es auch, noch ein paar Bäume dazwischen zu setzen, die durch ihre sanften Bewegungen das Chi verwirbeln. Birken oder andere Bäume mit abgerundeten Blättern eignen sich besonders gut für diesen Zweck, aber Sie können auch Obstbäume, wie Apfel und Pflaume pflanzen. Achten Sie aber darauf, dass die Pferde Bäume und Früchte nicht erreichen können. Der Genuss von zu viel Kernobst kann zu Koliken führen. Als ideal gilt, wenn der Abstand des Flusses zu Ihrem Gebäude doppelt so groß ist, wie Ihr Haus hoch ist.

Das Haus sollte nicht zu nah am Ufer stehen, sonst besteht die Gefahr, dass das Wasser »die Fundamente unterspült« und Chi mit sich fort trägt.

Idealerweise sollte der Fluss in einer sanften Schleife auf das Haus zufließen, so bringt das Wasser auch Glück und Geld ins Haus. Fließt der Fluss eher vom Haus weg, wird man sich ständig anstrengen müssen und sich oft genug vergebens mühen.

Auch die Wasserqualität ist von Bedeutung. Sauberes, aktives Wasser transportiert gutes Chi, stehendes Wasser in einem Tümpel oder Brackwasser ist dagegen ein Anzeichen für totes Chi. Sollte außerhalb Ihres Grundstückes ein gutes Gewässer vorhanden sein, so können Sie das gute Chi dieses Gewässers durch einen Spiegel anziehen. Hängen Sie ihn hoch auf, und drehen Sie ihn in die Richtung des Flusses.

Dieser Gebirgsbach reißt das Chi mit sich fort.

Wege und Straßen

Für den Verlauf von Straßen gilt Ähnliches wie für Flüsse: Sanft geschwungen, dem natürlichen Bodenverlauf folgend, leiten sie gutes Chi. Gerade Straßen, besonders Autobahnen, sind Rennpisten, die das Chi vorbei sausen lassen. Zielen sie gerade auf ein Gebäude, erzeugen sie »Giftpfeile«, welche die guten Energien zerstören. Idealerweise schlängelt sich auch der Weg in sanften Kurven zum Stall hin.

Befindet sich Ihr Stall am Ende einer Sackgasse, können Sie einen Spiegel anbringen, der auf die Straße zeigt, und vielleicht einen Springbrunnen und ein Windrädchen zwischen Gebäude und Straße aufstellen, um die negative Wirkung des von der Straße ausgehenden »Giftpfeils« abzumildern.

Der Abstand des Stalls zur Straße sollte mindestens so groß sein wie die halbe lange Seite des Stalles. Ansonsten werden die Bewohner zu sehr vom Leben der Straße in Bann gezogen und können sich nicht entspannen.

Bäume und Pflanzen

Hecken und Bäume können ein Grundstück nicht nur optisch positiv verändern, sondern auch Wind, Verkehrslärm und schlechtes Chi abwehren. Auch der Blick auf eine schlechte Feng Shui-Nachbarschaft kann damit unterbunden werden.

Ist ein Haus oder Stall in L-Form gebaut, so kann ein Baum die fehlende Ecke ersetzen und so die harmonische quadratische Form wiederhergestellt werden.

Hilfsmittel für ungünstige Lagen

Können Sie die Lage des Stalls zur Straße nicht beeinflussen, kann ein Springbrunnen zwischen der Straße und dem Gebäude hilfreich sein. Mit einer Lichtquelle, zum Beispiel einem Scheinwerfer, oder einer kleinen Windmühle auf dem Dach des Stalles neutralisieren Sie Sha und leiten es nach oben über den Stall hinweg ab. Ein Windspiel an der Dachtraufe fängt gutes Chi ein.

■ *Leben spendendes Wasser. Noch schöner wäre es, wenn die Ecken des Bassins abgerundet wären. Die runden Formen der Torbögen und die flachen Winkel der Dächer sorgen für gutes Feng Shui.*

■ *Hier führt die Straße schnurgerade auf das Stallgebäude zu. Der stark gebündelte Energiefluss wird zu stark, Sha entsteht. Die Weiden in dieser weitläufigen Anlage sind öde und eintönig und müssten durch Erdhügel und*

Bepflanzung aufgelockert werden. Durch die Bäume im Hintergrund sind die Gebäude gut geschützt.

Stehen die Bäume jedoch zu dicht an einem Haus, womöglich noch direkt vor der Türe oder einem Fenster, können sie auch bedrückend wirken und den Eintritt von positivem Chi in das Gebäude behindern.
Bäume, die kein Licht mehr durch die Fenster lassen, schaden den Bewohnern.
Ein Baum im Abstand von der Hälfte der Gebäudehöhe mit abgerundeten Blättern bringt dagegen gutes Chi in den Stall. Rechts und links des Eingangs sollten zwei Bäume, zum Beispiel Birken, stehen, die den Eingang beschützen. Bäume mit runden Blättern neben einem Gebäude gelten als Glücksbringer.
Ein Baum, zum Beispiel eine Buche, an der Schildkrötenseite hinter dem Stall schützt ebenfalls vor negativen Energien. Sollte eine Schnellstraße oder Autobahn am Stall oder der Weide vorbeiführen, braucht man allerdings schon eine Hecke mit Bäumen.

Wasseradern, Magnetfelder, Kraftlinien

Bevor Sie nun endgültig den Standort des Stalls auf dem Grundstück festlegen oder sich für ein Grundstück entscheiden, sollten Sie noch ausschließen, dass mächtige Energielinien, Wasseradern oder Magnetfelder den Standort negativ beeinflussen. Wenn Sie selbst Ihr Grundstück mit einer Wünschelrute absuchen wollen, reicht eine handelsübliche, nicht zu teure Rute aus.
Probieren Sie die Rute zuerst an einem Ort aus, von dem Sie genau wissen, dass dort Wasser ist. Sie werden erstaunt sein, mit welcher Kraft sich die Rute zur Erde neigt. Es gibt auch Wünschelruten mit einstellbarer Messskala, die sich zum besonders genauen Aufspüren von Störfeldern eignen. Sie können aber auch einen professionellen Rutengänger engagieren.

DIE ARBEITSMITTEL DES FENG SHUI

■ *Gutes oder schlechtes Feng Shui? Um das herauszufinden, verwenden Feng Shui-Berater verschiedene Hilfsmittel.*

Das Ba Gua

Das Ba Gua ist ein wichtiges Hilfsmittel des Feng Shui. Es hat acht Seiten, welche die einzelnen Himmelsrichtungen symbolisieren, und fungiert wie eine Art Kompass. Mit seiner Hilfe kann man den Grundriss eines Hauses oder einer Wohnung in bestimmte Bereiche aufteilen, denen die grundlegenden Lebenswünsche eines Menschen zugeordnet werden. Durch eine günstige Einrichtung der Wohnung und des Hauses können die entsprechenden Bereiche aktiviert werden. Dadurch werden die Voraussetzungen dafür geschaffen, dass diese Lebenswünsche in Erfüllung gehen.

Ziel ist es, die Raumaufteilung harmonisch zu gestalten, um den Bewohnern Glück, Gesundheit und Wohlbefinden zu ermöglichen. Günstig wäre es zum Beispiel, den Ruhebereich einer Wohnung in die Familien- oder Partnerschaftsecke zu legen und den Arbeitsbereich in die Ecke von Reichtum und Ansehen. Umgekehrt lassen sich natürlich auch ungünstige Wohnungsein-

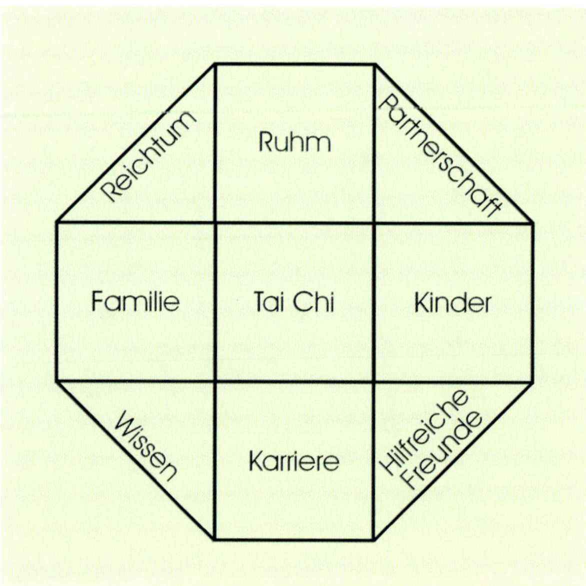

Das Ba Gua. Die realen Himmelsrichtungen spielen bei der Zuordnung keine Rolle. Die Eingangstür liegt immer auf dem Feld Karriere.

Die Felder des Ba Gua

Vergessen Sie nicht, dass auf der chinesischen Windrose der Norden unten liegt. Dann können Sie die Himmelsrichtungen des Ba Gua den verschiedenen Lebenswünschen wie folgt zuordnen:

Richtung	**Lebenswunsch**
Norden	Karriere und Beruf
Nordosten	Wissen, Bildung, Erfahrung
Osten	Familie und Gesundheit
Südosten	Reichtum und Lebensfreude, Optimismus
Süden	Ruhm und Anerkennung, Selbstbewusstsein
Westen	Kinderglück, Kreativität, Neuanfang
Nordwesten	Hilfreiche Freunde, Unterstützung durch andere Menschen

richtungen erkennen und gegebenenfalls korrigieren.

Die realen Himmelsrichtungen spielen dabei allerdings keine Rolle mehr: Das Ba Gua wird immer so auf den Grundriss gelegt, dass die Eingangstür auf dem Feld Karriere liegt.

Das Ba Gua selbst ist eines der wichtigsten Schutzsymbole des Feng Shui. Es setzt sich aus den acht Trigrammen des I Ging zusammen. Spiegel in Form des Ba Gua entfalten eine viel intensivere Wirkung als einfache Spiegel.

Für den Pferdestall ist die Innenaufteilung meiner Ansicht nach nicht so wichtig wie für ein Wohnhaus. Idealerweise lebt Ihr Pferd in einem Lauf- oder Offenstall und kann sich die ihm angenehmen Orte darin selbst aussuchen.

Wenn Ihr Pferd in einem Stall mit mehreren Boxen steht, können Sie mit Hilfe des Ba Gua eventuell eine günstige Box ausfindig machen oder Orte meiden, die für es ungünstig sind. Zur Bestimmung der günstigen und ungünstigen Orte sollte man auch das Geburtsjahr und die Informationen, die der Lo Pan-Kompass bietet, hinzuziehen.

Der Lo Pan-Kompass

Das Lo Pan ist ein chinesischer Kompass, der noch viel komplexer als das Ba Gua aufgebaut ist. Einerseits kann man damit natürlich viel genauer arbeiten, andererseits ist die Anwendung auch deutlich komplizierter. Feng Shui-Meister ermitteln mit Hilfe des Lo Pan für jeden Bewohner eine Reihe von Daten, die dann Grundlage bei der Gestaltung des Lebensraumes sind. Dazu gehört unter anderem die Zuordnung zum Yin oder Yang-Typ, die Ermittlung einer persönlichen Himmelsrichtung und einer persönlichen Zahl sowie die Zuordnung zu den Elementen Erde, Holz, Feuer, Metall und Wasser. Die Elemente stehen untereinander in wechselnden Beziehungen und sind mit bestimmten Charaktereigenschaften und Farben assoziiert.

Für die Optimierung des Stalles reicht ein vereinfachter Kompass aus, wie ich ihn für Sie aufgezeichnet habe. Besonders die Zahlen sind von Bedeutung: Aus-

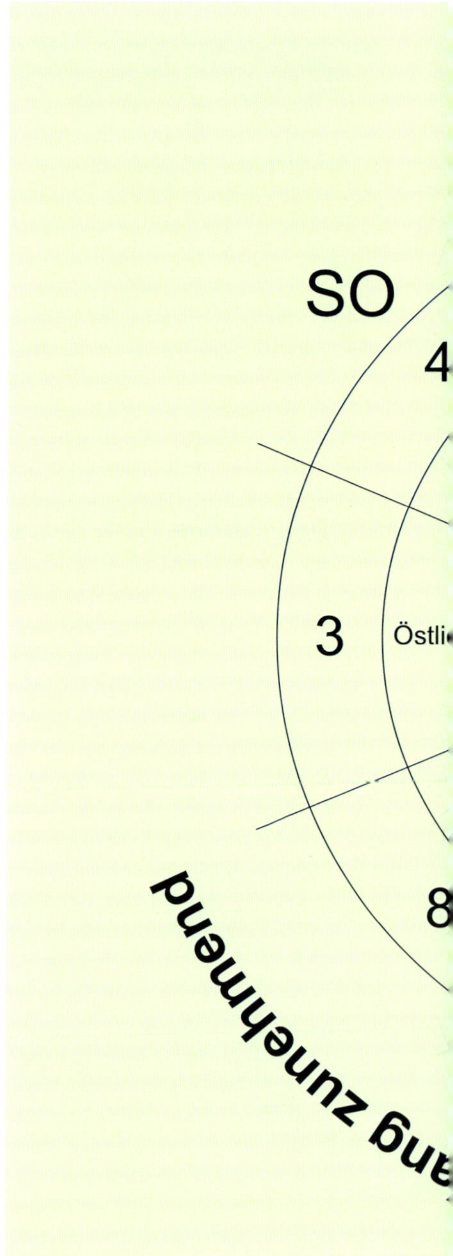

Vereinfachter Lo Pan-Kompass.

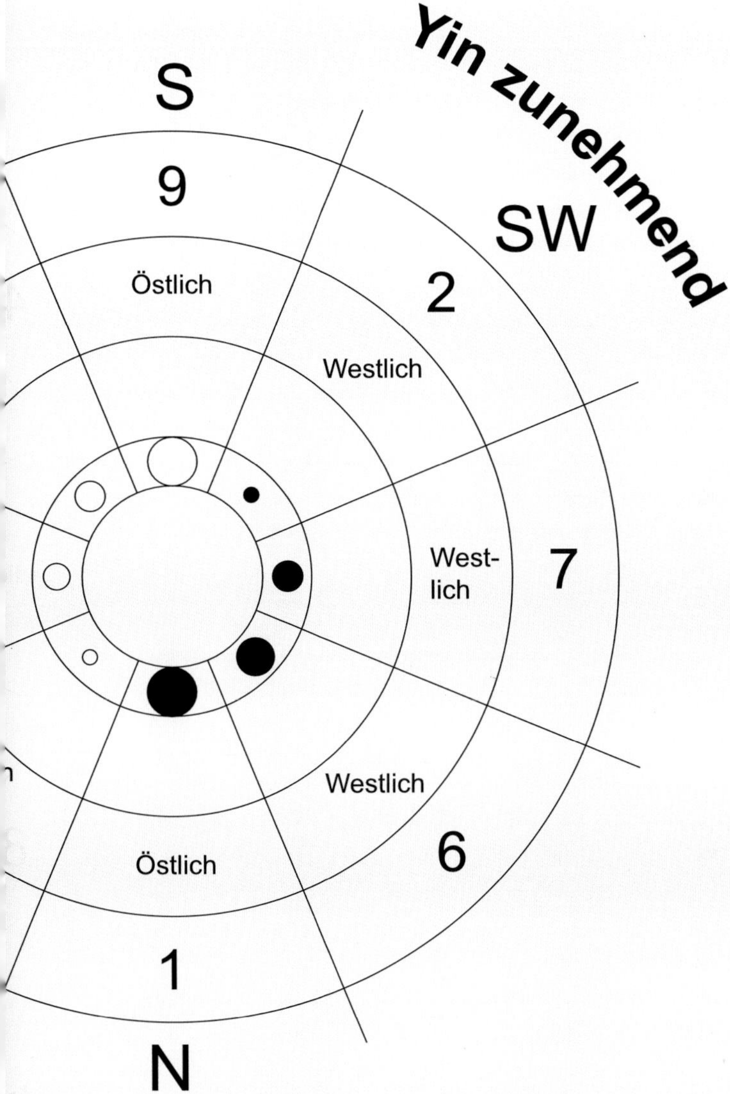
Yin zunehmend
S
9
SW
Östlich
2
Westlich
West-
lich
7
Westlich
Östlich
6
1
N

gehend von Geburtsdatum und -jahr wird eine persönliche Zahl ermittelt, der wiederum eine Himmelsrichtung, ein persönliches Element, Farben und Charaktereigenschaften zugeordnet werden. Nach meiner Erfahrung lassen sich die Verfahren des Feng Shui ohne Probleme auch auf Tiere anwenden. Beachten Sie jedoch, dass das chinesische Mondjahr etwas verschoben zu unserer Zeitrechnung liegt. Neujahr fällt auf den zweiten Neumond nach der Winter-Tag-und-Nachtgleiche zwischen Mitte Januar und Mitte Februar. Wenn Sie oder Ihr Pferd im Januar oder Februar Geburtstag haben, müssen Sie in der Regel das vorangegangene Jahr als Ihr Geburtsjahr rechnen.

Anhand der vier inneren Kreise kann man bestimmen, welchem Typ – Yin oder Yang – ein Lebewesen angehört, und daraus erste Schlüsse ziehen.

Errechnen Sie doch einmal Ihre persönliche Zahl und die Ihres Pferdes. So können Sie herausfinden, ob Sie gut zueinander passen, oder einen Grund finden, warum Sie noch an Ihrer Beziehung arbeiten müssen.

So errechnen Sie die persönliche Zahl

Weibliche Wesen

Nehmen Sie die Endziffer Ihres Geburtsjahres und addieren Sie 5. Teilen Sie das Ergebnis durch 9. Der Rest ergibt die persönliche Zahl.

Beispiel für eine Frau, geboren 1969:

69 + 5 = 74 : 9 = 8,2.

Zwei ist die persönliche Kua-Zahl.

Da es auf dem Lo Pan keine 5 gibt, verwenden Frauen stattdessen die 8 als persönliche Zahl.

Männliche Wesen

Nehmen Sie die Endziffern des Geburtsjahres geteilt durch 9. Merken Sie sich den Rest und ziehen Sie ihn von 10 ab. Das Ergebnis ist die persönliche Zahl.

Beispiel für einen Mann, geboren 1969:

69 : 9 = 7,6. 10 - 6 = 4.

Vier ist die persönliche Kua-Zahl.

Da es auf dem Lo Pan keine 5 gibt, verwenden Männer stattdessen die 2 als persönliche Zahl.

Persönliche Zahlen, Elemente und Eigenschaften		
Kua-Zahl	**Element**	**Eigenschaften**
1	Wasser	Die Zahl Eins steht für den Anfang und das Eins-Sein mit dem Kosmos
2	Erde (groß)	Das Wechselseitige, das Ausbalancieren der Kräfte. Mutter Erde, die Urmutter, von der wir kommen und zu der wir zurückkehren
3	Holz (groß)	Die Dreieinigkeit von Körper, Geist und Seele. Die Familie: Vater, Mutter, Kind. Drei ist eine Glückszahl
4	Holz (klein)	Die Himmelsrichtungen. Die Jahreszeiten, die Vier ist eine kosmische Zahl, sie steht auch für Kraft und Ausdauer
5	Erde	Die fünf Sinne, das Pentagramm. Die Fünf ist impulsiv und aktiv
6	Metall (groß)	Gleichgewicht, Gesundheit und Friede sind ihre Hauptmerkmale. Die Sechs symbolisiert die Partnerschaft
7	Metall (klein)	Die heilige Zahl im Universum. Die sieben Schwüre, die sieben Sünden, die sieben Pfeile, sie symbolisiert Tod und Wiedergeburt
8	Erde (klein)	Die Unendlichkeit, Solides mit Sicherheit, der ständige Fluss, Macht und Stärke
9	Feuer	Die Zahl der Ewigkeit, Toleranz, Mitgefühl, Schönheit und Freiheit

Die Zahlen des Lo Pan bilden ein eigenes System und sind nicht zu verwechseln mit den Zahlen der zwölf Stämme, den Tierkreiszeichen aus dem chinesischen Horoskop.

Die fünf Elemente und ihre Eigenschaften

Auch aus dem Element, dem ein Mensch angehört, kann man eine Vielzahl von Schlussfolgerungen auf den Charakter, die Beziehungen zu anderen Menschen, günstige und ungünstige Orte usw. ziehen. Die Wechselwirkungen der Fünf Elemente lassen sich in zwei Zyklen fassen: den Erzeugungszyklus und den Zerstörungszyklus. Wasser erzeugt Holz, Holz erzeugt Feuer, Feuer erzeugt Erde, Erde erzeugt Metall, Metall erzeugt Wasser. Wasser besiegt Feuer, Feuer besiegt Metall, Metall besiegt Holz, Holz besiegt Erde, Erde besiegt Wasser.

Kehren wir noch einmal zu unserer Beispielrechnung zurück. Für die im Jahr 1969 geborene Frau hatten wir die Zahl 2 erhalten. Schauen Sie nun in das Lo Pan, dort steht die 2 bei Südwesten. Sie ist ein Yin-Typ, ihre Himmelsrichtung ist Südwesten, ihr Element Erde. Unser Mann hatte die persönliche Kua Zahl 4, er ist ein Yang-Typ, seine günstigste Himmelsrichtung ist Südosten, sein Element Holz.

Da es auch im Feng Shui viele verschiedene Interpretationsmöglichkeiten gibt, ist es manchmal nicht ganz einfach, die richtigen Schlüsse aus den Ermittlungen zu ziehen. Wenn Sie ein Yang-Typ mit der Zahl Drei sind, ist nicht ohne weiteres klar, ob Sie in Ihre persönliche Richtung (Osten) schauen sollen oder ob Ihr Kopf dorthin zeigen sollte. Ich habe mich dazu entschlossen, beides zu kombinieren. Mit meinem Kopfende des Bettes liege ich in der richtigen Richtung, bei der Arbeit an meinem Schreibtisch schaue ich in die richtige Richtung.

Wie soll ich das alles nur schaffen?

Ich höre Sie schon stöhnen: »Wie soll ich das alles bewältigen, in meinem Stall geht das nicht.« Auch wenn Ihnen die vielen Faktoren, die man bedenken kann, im Moment zu viel erscheinen, verzagen Sie nicht. Dies sind alles nur Anregungen, und wenn Sie nur einige Dinge in Ihrem Stall umsetzen können, haben Sie schon viel für das Wohlbefinden seiner Bewohner getan – denn:

»Auch eine Reise von tausend Meilen
fängt mit dem ersten Schritt an.«
– *Chinesische Weisheit* –

FENG SHUI FÜR EINSTELLER UND UNTERMIETER

Feng Shui für Einsteller und Untermieter

Lassen Sie sich nicht von schönen Farben blenden! Dieser Stall ist zwar gepflegt, aber die Pferde können keinen Kontakt untereinander herstellen. Außerdem saust das Chi ungehindert durch den Stallgang, und die grünen Stützbalken wirken wie negative Pfeile.

Auch wenn Sie Ihr Pferd nicht in eigener Regie halten können, gibt es Möglichkeiten, den Lebensraum des Pferdes mit Feng Shui zu verbessern. Allerdings sollten Sie einen Stall meiden, der gegen alle Regeln des Feng Shui verstößt. Schauen Sie sich zuerst die menschlichen Mieter des Stalles an. Herrscht ein rüder Ton, vergiften Hass und Neid die Atmosphäre? Hören Sie auf Ihre innere Stimme, die Sie davor warnen wird.

Haben Sie einen Stall in einem günstigen Umfeld gefunden, lassen Sie den Stall auf sich wirken. Nehmen Sie sich die Zeit, setzen Sie sich in die Stallgasse, wenn gerade kein Betrieb ist, und lassen Sie die Atmosphäre auf sich wirken.

Schauen Sie sich auch die Pferde an, die dort bereits untergebracht sind. Sind sie eher schlecht gelaunt und machen den Reitern das Leben schwer, oder sind sie ruhig und ausgeglichen? Sind die Boxen groß und geräumig oder eng und dunkel? Können die Pferde untereinander Kontakt aufnehmen? Ist der Stall insgesamt hell und luftig?

■ *Dieser Stall müsste von Grund auf renoviert werden, erst dann kann Feng Shui Harmonie und Ordnung anstelle von Dreck und Chaos bringen.*

■ *Boxenhaltung ohne Auslauf und Kontakt zu Artgenossen macht Pferde aggressiv.*

■ *Täglicher Auslauf in Gesellschaft sollte selbstverständlich sein.*

■ *Kein Pferd sollte heutzutage noch im Ständer angebunden stehen, aber grundsätzlich ist dieses Stallgebäude schön hell und luftig. Das runde Gewölbe ist sehr harmonisch – allerdings erzeugen die Geweihe an den Wänden »Gift-*

pfeile«. In der geraden Stallgasse müssten Windspiele den Fluss des Chi verlangsamen. Nach Umbau der Ständer zu Boxen mit Sichtkontakt zum Nachbarn, könnte dies ein sehr schöner Stall im Sinne des Feng Shui werden.

Die Einzelboxen mit angrenzendem Auslauf bieten frische Luft, Bewegung und Sichtkontakt zu Artgenossen. Noch besser wäre es, wenn die Decke von

unten verkleidet wäre und die Dachrinnenabflüsse an den Außenseiten des Stalles angebracht wären, damit das Chi nicht durch den Abfluss gesogen wird.

Hier herrscht gutes Feng Shui. Im Gewölbe mit seinen runden Säulen kann das Chi langsam fließen.

Wie sieht die Außenanlage aus? Ist alles verwildert und unordentlich, zugewachsen und düster? Sind Wege und Paddocks voll Matsch und Pfützen, oder wirkt alles aufgeräumt und freundlich? Wenn Sie das Gefühl haben, hier würden Sie gerne wohnen, dann bedarf es sicherlich nur noch weniger Veränderungen nach den Feng Shui-Regeln, und Ihr Pferd kann einziehen. In solch einer Umgebung wird es keinen Schaden an Leib und Seele nehmen.

Selbstverständlich sollte sein, dass Ihr Pferd regelmäßig Bewegung bekommt und dass es bei Boxenhaltung wenigstens jeden Tag auf den Sandplatz hinausgebracht wird – auch bei schlechtem Wetter – und Kontakt mit Artgenossen bekommt.

Im Winter steht Ihr Pferd hoffentlich nicht eingedeckt im Stall, weil es im Herbst draußen ein warmes Winterfell aufbauen konnte. Ein Lauftier wie das Pferd Tag und Nacht in einer Box einzusperren, ist schlicht und einfach Tierquälerei. Sollten Sie keine Möglichkeit haben, das Pferd wenigstens stundenweise hinauszulassen, brauchen Sie mit Feng Shui in diesem Stall gar nicht anzufangen, sondern müssen sich erst einen besseren Stall suchen.

Schauen Sie sich nun die Box Ihres Pferdes an: Ist sie groß und hell? Kann das Tier andere Pferde sehen oder sogar Kontakt mit dem Nachbarn aufnehmen? Hat die Box Ecken oder Winkel? Woraus besteht die Einstreu, und welche Form haben die Futtertröge? Nach welcher Himmelsrichtung liegt die Box? Gibt es ein Außenfenster, und was sieht das Pferd, wenn es hinausschaut? Es wäre sehr schlecht, wenn Ihr Pferd aus seiner Box auf eine stark befahrene Straße, die Einfahrt zum Hof oder einen anderen hektischen Platz schauen würde. An solch belebten Plätzen und ganz besonders an der Straße kann das Chi das Pferd nicht erreichen, sondern fließt zu schnell vorbei. Wenn ein Weg direkt auf die Box zuführt, hat das Pferd keine Möglichkeit, diesem »Giftpfeil« auszuweichen.

Wenn die äußeren Einflüsse auf die Box zu negativ sind, sollten Sie einen anderen Unterbringungsort für Ihr Pferd suchen. Die Umgebung des Stalles ist genauso wichtig wie die Gestaltung der Box. Ist die Atmosphäre einer Anlage gut, können Sie das schon an den Tieren beobachten: Sind diese zutraulich und freundlich, so ist dies ein gutes Zeichen!

■ *Ein überdachtes Rondell, in dem sich die Pferde im Winter auf trockenem Boden bewegen können, ohne dass sie nass werden. Ein Kompromiss zwischen den Bedürfnissen von Pferd (Bewegung) und Reiter (Verfügbarkeit des Pferdes).*

■ *Laufstall für Junghengste mit runden Formen. Die Deckenbalken müssten noch verkleidet und der Chi-Fluss in der Gasse mit einem Windspiel verwirbelt werden.*

Die Umgestaltung der Box

Wenn Sie die Möglichkeit dazu haben, können Sie die gemietete Box nach Feng Shui-Regeln verbessern. Erhöhen Sie zunächst die Wand an der Drachenseite um ein Brett bzw. nehmen Sie an der Tigerseite ein Brett weg, damit die Tigerseite niedriger als die Drachenseite wird. Lassen Sie diese Seite aber nie ganz offen.
Zu Südseite hin sollte für den Phönix die Sicht frei sein. In der Box sollten hier die Gitterstäbe bis auf den Boden reichen. Um die Farbe Rot auf dieser Seite ins Spiel zu bringen, können Sie ein rotes Tuch an den Stäben anbringen.
Zudem können Sie die Box mit verschiedenen Gegenständen ausschmücken, zum Beispiel mit Glück bringenden Figuren, Flöten oder Kristallen und Edelsteinen. Hängen Sie jedoch nicht wahllos Gegenstände auf, sondern stimmen Sie alles gut aufeinander ab, damit Sie auch die gewünschte Wirkung erreichen. Der gedankenlose Umgang mit symbolischen Gegenständen kann sich auch negativ auswirken. Alle Gegenstände sollten mit roten Bändern angebracht werden, da Rot im Feng Shui die Farbe des Glücks ist.

Bambusflöten

Bambusflöten verstärken die Energieflüsse im Raum, positive wie negative. An offenen Deckenbalken aufgehängt neutralisieren sie deren negative Auswirkungen. Hängen Sie sie rechts und links von jedem Balken mit dem Mundstück nach oben auf. Die Größe der Flöten sollte auf den Stall abgestimmt sein.
Spielt man im Stall auf einer Flöte, kräftigt man das positive Chi und belebt die Atmosphäre. Schüttelt man eine Flöte, vertreibt man böse Geister.

Windspiele und Mobiles

Mobiles erzeugen durch Ihre Bewegung positive Schwingungen. Noch besser sind Windspiele, die durch leichten Wind bewegt zarte Töne von sich geben. Sie verwirbeln positives und zerstreuen schädliches Chi. Allerdings wirken Klangspiele und Mobiles nur positiv, wenn sie sich bewegen.

Bänder und Borten

Ein weiteres Hilfsmittel, um das Chi zu verbessern, können Borten und Bänder sein. Damit kann

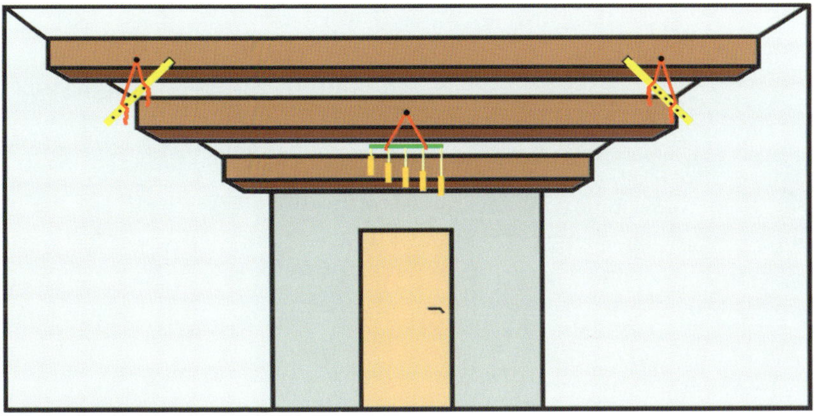

■ *Flöten haben auch eine Schutzfunktion. Sie symbolisieren Schwerter und sollen, wenn sie über der Tür angebracht sind, böse Geister und Diebe vertreiben.*

■ *Bambusflöten sollten in keinem Stall fehlen.*

■ *Ein Boxenstall mit guter Aussicht. Der Glockenturm auf dem Dach zieht gute Energien an, das Dach ist vorne hochgezogen und gibt den Blick frei. Wenn diese Pferde regelmäßig Auslauf haben, fühlen sie sich hier wohl.*

Delfine verkörpern die Zukunft, symbolisieren Weisheit, Frieden, Harmonie und universelle Liebe. Sie lassen sich zum Beispiel gut als Mobile oder in einem Windspiel unterbringen.

Elefantenfiguren bedeuten im Chinesischen Liebe und Frieden.

Engelsfiguren besitzen positive Kraft, um gutes Chi einzufangen.

man scharfe Kanten und Leisten sowie Dachbalken entschärfen. Im Stall sind sie jedoch nur eingeschränkt verwendbar, weil die Pferde an den meisten Stellen damit spielen und die Bordüren abreißen würden. Alternativ können Sie vorspringende Ecken auch in einer neutralisierenden Farbe streichen, zum Beispiel in grün.

Symbolische Gegenstände und Figuren

Symbolische Gegenstände und Figuren spielen in der chinesischen Kultur eine wichtige Rolle. Sie lassen sich ohne weiteres auch durch Figuren aus unserem Kulturkreis ersetzen. Engelsfiguren zum Beispiel besitzen die Kraft, positive Energien anzuziehen; sie bieten Schutz und Führung, die auch Ihr Pferd gut gebrauchen kann.

Buddha-Statuen und andere religiöse Figuren

Buddha-Statuen werden oft für Wohnungen verwendet. Sie sind im Stall aber problematisch, da sie ihren eigenen Energieraum brauchen. Achten Sie beim Kauf einer solchen Figur besonders darauf, dass Sie nicht eine zornige und somit Unglück bringende Gottheit erwerben. Meist kann man das schon am Gesichtsausdruck und der Körperhaltung der Figur erkennen. Überlegen Sie es sich gut, welche religiösen Figuren Sie im Stall oder in Ihrer Wohnung aufstellen wollen, und unterschätzen Sie deren Wirkung nicht.

Prismen, Kristalle und Edelsteine

Prismen sammeln die positiven Energien des Lichtes ein und verteilen sie im Raum. Damit das Prisma seine Aufgabe erfüllt, muss es einwandfrei geschliffen sein.

■ *Prismen verstärken positive Energien.*

Edelsteine

Edelsteine sind über einen sehr langen Zeitraum durch Kristallisation entstanden und können durch ihre positiven Schwingungen das Raumklima verändern. Ungeschliffene Kristalle haben mehr Energie als geschliffene.

Die Steine sollten immer frei im Raum platziert werden, so dass sie gut zu sehen sind. Im Stall können Sie Edelsteine, die das Wohlbefinden steigern und gutes Chi im Raum verteilen, auch gut unter die Decke hängen. Einige von ihnen haben auch heilende Wirkung.

Der klare **Bergkristall** fördert als Heilstein die Klarheit und Konzentration. Er hilft Probleme auf einfache Art zu lösen, er stärkt die Nerven und regt die Drüsentätigkeit an.

Er ist ein mächtiger Stein, weshalb die Spitzen nie auf den Körper von Mensch oder Tier zielen sollten.

Der weiße, goldgelbe, braune oder rote **Bernstein** wird schon seit vorgeschichtlicher Zeit als Heil- und Schutzstein verwendet. Er soll fröhlich machen und das Selbstbewusstsein steigern. Sie können ihn zum Beispiel in den Stalleingang hängen, wo er das Sonnenlicht aufnehmen und die Stimmung im Stall verbessern kann.

Bei den Beduinen ist es noch heute üblich, Heilsteine am Zaum-

■ *Der Bergkristall erzeugt ungeschliffen große Energien und sollte nicht mit der Spitze auf Lebewesen zeigen.*

Der Bernstein ist ein Heilstein, der schon seit Jahrtausenden Verwendung findet.

zeug der Pferde anzubringen. Befestigen Sie ruhig einen Bernstein am Halfter, oder tragen Sie selbst einen bei sich.

Achat, Amazonit und Rosenquarz können Sie im Stall ans Fenster stellen oder an die Decke hängen.

Achat (graublau, braun, rot und gelb) steht in der Heilkunde für Beschaulichkeit sowie für die Verarbeitung von Lebenserfahrung. Im Feng Shui bietet er Sicherheit und Schutz und passt daher auch gut ins Schlaf- oder Wohnzimmer.

Amazonit (blaugrün und grün) stärkt das Selbstvertrauen und die Nerven und wirkt krampflösend. Im Feng Shui fördert er die Harmonie im Raum und wird in den Mittelpunkt gestellt. Im Stall könnte man ihn an die Decke hängen.

Rosenquarz (rosa) ist sanft, aber bestimmt. In Zusammenarbeit mit anderen Steinen kann er elektromagnetische Schwingungen von Elektrogeräten neutralisieren. Wie wäre es mit einem Schutzstein am Handy?

DER OFFENSTALL

■ *Ein fast idealer Offenstall. Noch besser wäre es, wenn runde Pfosten verwendet worden wären und die Innenwände ebenfalls verschalt wären. Die Neonlampen erzeugen schlechtes Chi und sollten durch Strahler oder Energiesparlampen ersetzt werden.*

Wenn Sie mit der Haltung von Pferden in eigener Regie anfangen und einen eigenen Stall neu bauen wollen, haben Sie natürlich die besten Möglichkeiten, ihn nach den Feng Shui-Regeln zu gestalten.

Was zu bedenken ist

Die Größe des Stalles richtet sich natürlich nach der Anzahl der Pferde, die Sie dort unterbringen wollen. Wenn Sie ein ideales Grundstück in harmonischer Umgebung gefunden und eine Baugenehmigung erhalten haben und nun voller Tatendrang anfangen wollen, sollten Sie zunächst die Lage der Gebäude, die Aufteilung von Stall und Weidebereich, den Verlauf der Wege usw. planen. Ihr Offenstall sollte auf jeden Fall auf dem hinteren Drittel des Grundstücks, wenn möglich leicht erhöht liegen.

Denken Sie darüber nach, welcher Grundriss für Ihren Stall am besten wäre. Optimal im Sinne des Feng Shui wäre natürlich ein achteckiger oder runder Stall, der allerdings etwas schwieriger zu bauen ist. In einem möglichst runden Stall gibt es keine dunklen Ecken, in die ein rangniederes Pferd getrieben werden kann, die Pferde können einander leichter ausweichen. Ein runder Trog oder eine Rundraufe in der Mitte, die von oben befüllt werden könnte, wäre überaus praktisch. Da aber die meisten Ställe rechteckig gebaut werden, gehe ich bei meiner Darstellung von einem rechteckigen Stall aus. Der Stall muss an drei Seiten geschlossen sein, und die Rückseite sollte nach Norden zeigen, der Eingang nach Süden.

Baumaterialien

Dann müssen Sie die Materialien auswählen, aus denen der Stall errichtet werden soll. Ein Holzstall fügt sich meist besser in die Landschaft als ein Steinbau. Das Fundament jedoch sollte aus Naturstein oder Beton frostsicher errichtet werden, da ein Fundament aus Holz in unserem Klima zu schnell faulen würde.

Optimal wäre ein Stall in Vollbohlen-Blockbauweise, aber das wird sehr teuer, weshalb Sie wahrscheinlich auf eine preiswertere Ständer-Bauweise zurückgreifen möchten. Dabei erstellen Sie ein Holzgerüst, das mit Brettern ausgekleidet wird.

■ *Günstig ist der Eingang ohne spitze Winkel. Allerdings wäre ein runder Bogen noch schöner.*

■ *Innenhof mit rundem Futtertrog in einem arabischen Gestüt.*

Wenn Sie Ihren Stall nach Feng Shui-Regeln bauen wollen, können Sie schon bei den Eckpfeilern beginnen: Verwenden Sie runde Pfeiler aus Vollholz, und entschärfen Sie so die erste Quelle für die »Giftpfeile« des Sha. Auch alle anderen tragenden Stützpfosten sollten rundherum abgerundet sein.

Die Außenverkleidung sollte überlappen, damit das Regenwasser gut abgeleitet wird und kein Wasser in das Holz eindringen kann. Innen sollte die Verkleidung aus möglichst glatt gehobelten Brettern bestehen, so dass keine Ecken oder vorspringenden Kanten entstehen können. Auch Leisten oder Regalbretter gelten im Feng Shui als Aussender von Sha.

Das Dach

Dem Dach sollten Sie besondere Beachtung schenken. Am besten wäre eine leichte Rundkuppe, wie man sie heute schon bei einigen Wohnhäusern und Fabrikgebäuden sieht. Wenn das nicht möglich ist, versuchen Sie auf jeden Fall, ein Satteldach zu vermeiden, denn spitze Winkel

Optimal: ein flaches, nach hinten leicht abfallendes und begrüntes Dach.

verschlucken gute Energien. Lassen Sie das Dach nach hinten abfallen, und vergessen Sie die Dachrinnen nicht – oder noch besser: Begrünen Sie das Dach.
Auch von unten muss das Dach sorgfältig verkleidet werden, damit die Dachsparren nicht zu sehen sind und den Energiefluss stören.

Der Boden

Der Boden im Stall sollte Erdboden bleiben, den man mit Kunststoffmatten auslegen kann. Wir sind in unserem Offenstall von einer Einstreu völlig abgekommen, nachdem wir beobachtet haben, dass die Pferde sich meistens draußen hingelegt und den Stall mit der Einstreu nur als Toilette benutzt haben. Eine größere Fläche vor dem Eingang sollte mit Rasengittersteinen oder Kunststoffmatten befestigt werden, damit der Boden dort bei schlechtem Wetter nicht zu matschig wird.

Die Innenausstattung

Die Innenausstattung kann sehr einfach sein. Ein paar Ringe in der Wand, an denen man Futtereimer aufhängen kann, und eine oder mehrere niedrige Heuraufen aus Holz reichen aus. Kraftfutter wird den Pferden aus halbrunden Futtereimern gegeben, die nur zum Füttern in die Ringe eingehängt und sofort wieder entfernt werden, sobald die Pferde aufgefressen haben.
Damit die Pferde die Heuraufen nicht aus Langeweile anfressen, haben wir auf der Weide einen großen Stapel Holz, an dem sie nach Herzenslust knabbern können.
Strom- und Wasserleitungen werden außen am Stall so verlegt, dass die Pferde sie nicht erreichen können. Die Wassertränke sollte für alle Pferde gut erreichbar sein und möglichst nicht im Ruhebereich liegen, da es an der Tränke leicht zu Rangordnungs-Auseinandersetzungen kommt.
Wenn Sie die Tränke nach draußen verlegen, müssen Sie zwar mehr Aufwand mit der Isolierung treiben, aber dafür kann jedes Pferd an die Tränke oder sich in den Stall zurückziehen, wie es möchte.
Eine Tränke außerhalb des Stalls hat zudem den Vorteil, dass im Stall niemand mehr Wasser verplempert und der Boden trockener bleibt. Um die Tränke herum sollten Rasengittersteine verlegt werden.

Die runde Form dieser isolierten Tränke entschärft die Ecke.

Stallanlage, Weiden und Paddocks

Stallbereich, Auslauf und Weidebereich sollten deutlich voneinander abgegrenzt werden. Die Zäune, die den Auslauf und die Weide umgeben, sind im Idealfall ebenfalls aus runden oder abgerundeten Holzbalken gefertigt und mit fest verschließbaren Toren versehen. Ist dies nicht möglich, müssen Sie auf Elektrozaun zurückgreifen. Glattdraht oder Stacheldraht birgt eine enorme Verletzungsgefahr und sollte von verantwortungsvollen Pferdehaltern heute nicht mehr verwendet werden.

Damit es den Pferden nicht langweilig wird, sollte ihr Lebensraum abwechslungsreich gestaltet werden. Um den Fluss des Chi auf dem ganzen Gelände zu verbessern, können Sie Büsche oder kleine Baumgruppen pflanzen, einen flachen Wassergraben anlegen oder einen Sandhaufen auf-

■ *Abwechslungreiche Weidegestaltung mit einem flachen Wassergraben. Achten Sie jedoch auf einen guten Zu- und Ablauf, damit das Gewässer nicht verschmutzt und totes Chi verbreitet.*

Zwei Beispiele für die Trennung von Auslauf und Weidebereich.

schütten. Auch ein Holzstapel zum Knabbern oder Stangen auf dem Weg zur Weide sorgen für Abwechslung, hier sind der Phantasie keine Grenzen gesetzt.

Die Wege auf dem Grundstück sollten schwungvoll gewunden sein und nicht direkt auf die Türen zulaufen. Vermeiden Sie spitze Winkel und schnurgerade Wege, und achten Sie auch darauf, den Stall nicht durch gepflasterte Wege auf allen Seiten wie mit einem Kragen einzuengen.

Ein sicherer Holzzaun mit runden Pfosten.

DER ALTBAU

Die meisten Altbauten können problemlos nach den Regeln des Feng Shui renoviert werden. Hier hemmt das spitze Dach den ungehinderten Fluss des Chi in den Stall.

Umbauten

Sie haben einen wunderschönen alten Resthof gekauft, wollen nun endlich die Pferde am Haus halten und den alten Kuh- oder Schweinestall dazu umbauen. In solch einem Stall ist sehr viel mehr Aufwand zu betreiben, um den Pferden einen angenehmen Aufenthaltsort zu schaffen.

Zuerst müssen Sie alle alten Stallvorrichtungen entfernen, manchmal muss auch der ganze Fußboden herausgerissen werden. Alte Stallfenster müssen erneuert oder zugemauert werden, damit kein Durchzug entsteht. Oftmals sind die Decken zu niedrig, was sich meist nicht so leicht beheben lässt.

Haben Sie dies alles bewältigt, kommt neuer Beton in den Stall, der mit einer Kautschukmasse überzogen werden sollte. Das ist rutschfest und warm, so dass die Pferde sich nicht beim Liegen auf kaltem Boden erkälten können.

Betrachten Sie zunächst wieder die Lage des Stalles: Nach welcher Himmelsrichtung gehen die Ausgänge – und könnte man, falls nötig, etwas daran ändern? Liegen sich Fenster und Türen gegenüber? Nicht nur, dass Durchzug für Pferde Gift ist, auch das gute

■ *Günstig: halbrunde Futterraufen*

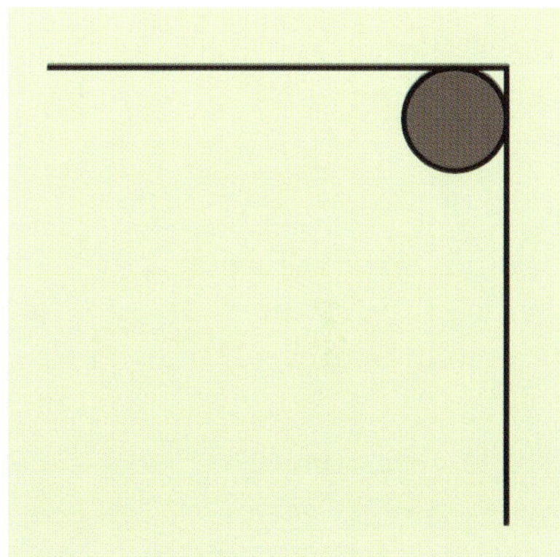

■ *Ein runder Holzpfosten entschärft eine Ecke.*

Chi kann sich so nicht im Stall halten. Alle guten Energien würden durch den Windzug sofort wieder herausgetragen.

Wo sind Futter- und Wasserplatz, und wie sind sie gestaltet? Gibt es Dackbalken, Ecken und Winkel? Sicher sind die Ecken nicht abgerundet und müssen entschärft werden. Setzen Sie dicke, runde Holzpfosten in die Ecken, so dass sie die Winkel ganz ausfüllen. Achten Sie darauf, die Pfosten gut in Boden und Decke zu verankern.

Offenliegende Dachbalken versuchen Sie mit einer Verschalung zu verkleiden. Wenn das nicht möglich ist, hängen Sie Bambusflöten links und rechts an jeden Balken, mit dem Mundstück nach oben. Windspiele helfen zusätzlich, die negative Wirkung der Dachbalken abzumildern, und fördern den Fluss des Chi.

Alte Futterraufen lassen sich oft schwer entfernen, wahrscheinlich brauchen Sie dazu einen Presslufthammer oder ähnliches Werkzeug. Schauen Sie erst einmal nach, ob die Raufen nicht vielleicht schon eine halbrunde Form haben oder mit Hilfe von gebogenen Stäben in eine solche Form gebracht werden können.

Auch die Tränke kann zum Problem werden. Wenn Sie einen Laufstall mit zwei Ausgängen planen, bietet es sich wieder an, die Tränke nach draußen zu verlegen. Sie können Sie aber auch in der Nähe einer der Türen anbringen, damit jedes Pferd jederzeit dem Ranghöheren ausweichen kann. Bei einem Boxenstall hat natürlich jedes Pferd seine Tränke in der Box.

Wann braucht man einen Feng Shui-Berater?

Bei vielen Altbauten kann es sehr schwierig sein, sie Feng Shui-gerecht umzugestalten. In diesem

Woran erkennen Sie einen seriösen Feng Shui-Berater?

- Er kann mit dem Ba Gua und mit dem Lo Pan umgehen.
- Er sagt Ihnen nicht: »Gehen Sie in sich, dann finden Sie die Lösung«, sondern führt eine umfassende Analyse durch.
- Er nimmt sich Zeit und ist nicht nach zehn Minuten wieder verschwunden.
- Er erklärt Ihnen den Sinn und Zweck der von ihm vorgeschlagenen Maßnahmen.
- Er verkauft Ihnen keine »Hilfsmittel« aus dem Koffer.
- Er berechnet einen Quadratmeter-Preis.

Fall wenden Sie sich an einen Feng Shui-Berater, der Ihren speziellen Fall analysieren und Ihnen die richtigen Vorschläge zur Umgestaltung Ihres Hofes geben kann. Er sollte sich eingehend mit der chinesischen Weltanschauung befasst haben und ein Meister seines Fachs sein.

Um einen solchen Feng Shui-Berater zu finden, sollten Sie sich am besten auf Empfehlungen von Freunden, Bekannten oder Kollegen verlassen. Wenn in Ihrem Bekanntenkreis niemand Erfahrungen mit Feng Shui hat, müssen Sie sich selbst einen Berater suchen. Telefonnummern von Feng Shui-Beratern finden Sie unter anderem in den Anzeigenteilen von Tageszeitungen und Fachzeitschriften.

■ *Auch der alte Kuhstall auf Ihrem Resthof lässt sich im Sinne des Feng Shui gut umbauen.*

LICHT UND FARBEN

Farben und Lichtverhältnisse wirken sich nicht nur auf unsere Stimmung aus, sondern auch auf die der Pferde.

Lassen Sie Licht in Ihren Stall!

Auf alten Bauernhöfen ist der Stall oft sehr dunkel, manchmal steht ein Haus daneben und nimmt das Licht, ein anderes Mal sind es Schuppen, große alte Bäume oder Ähnliches. Reißen Sie ab, was Sie abreißen können und versuchen Sie, so viel Licht wie möglich in Ihren Stall zu bekommen. Große Gebäude, die stehen bleiben müssen, entschärfen Sie mit Ba Gua-Spiegeln, die Sie auf das störende Element richten.

Oft sind Ställe sehr düster und nur spärlich von Neonlampen erhellt. Ein schöner Stall sollte von Tageslicht durchflutet sein und keine dunklen Ecken oder Winkel aufweisen.

Installieren Sie deshalb in jeder dunklen Ecke einen Strahler, er muss nicht sehr leistungsstark sein, aber am Ende sollte es im Stall keine dunklen Winkel mehr geben. Lassen Sie das Licht auch am Tage brennen, und löschen Sie es erst bei beginnender Dunkelheit, damit die Tiere ihre Nachtruhe haben. Mit einer Zeitschaltuhr haben Sie alles im Griff.

Verzichten Sie auf hässliche Neonröhren, sie verbreiten ein kaltes unfreundliches Licht. Mittlerweile gibt es überall Energiesparlampen, die ein warmes Licht geben und den Stromverbrauch in Grenzen halten. Den etwas höheren Anschaffungspreis gleichen sie durch die Stromersparnis und die längere Lebensdauer wieder aus.

Die innere Uhr

Die meisten Lebewesen haben eine innere Uhr, ein Gefühl für die Zeit, das vom Licht gesteuert wird. Sicherlich kennen Sie auch das Problem, wenn die Uhr von Winterzeit auf Sommerzeit umgestellt wird oder umgekehrt. Nicht nur der Mensch braucht einige Zeit, um damit zurecht zu kommen. Auch die Tiere müssen sich erst langsam an die neuen Futter- und Weidezeiten gewöhnen.

Jeder Jahresabschnitt wird vom Licht beeinflusst. Licht und Wärme bringen im Frühjahr den Hormonhaushalt in Schwung und regen den Fellwechsel an. Menschen bekommen in der lichtarmen Jahreszeit manchmal eine »Winterdepression«, da sich durch den Lichtmangel der Lebensrhythmus verlangsamt und man sozusagen auf Sparflamme lebt.

■ *Isolations- und Dunkelhaft bei reiner Boxenhaltung machen unglücklich. Wir alle brauchen Licht, Luft und Sonne – Ihr Pferd auch, also öffnen Sie die Stalltüren!*

In nördlichen Ländern, in denen es im Winter auch tagsüber kaum hell wird, gibt es mittlerweile sogar Lichtcafés, in denen die Gäste hellen Lampen ausgesetzt werden und Lebensenergie tanken können.

Im diffusen, immer gleichen Licht eines Reitstalls fehlt Ihrem Pferd die Stimulation durch den Wechsel des Lichts im Lauf der Jahreszeiten. Ein weiterer Grund, warum Pferde, die nur in Boxen gehalten werden, in der Halle oft apathisch und im Freien überdreht sind.

Wissenschaftliche Studien haben gezeigt, dass Sonnenlicht und besonders der UV-Anteil darin lebenswichtig für Mensch und Tier sind. Deshalb sollte Ihr Pferd die Möglichkeit haben, hinaus zu können, wann immer es das möchte.

Positive Wirkungen des UV-Lichtes auf Mensch und Tier

UV-Licht …

- aktiviert die Produktion von Vitamin D,
- senkt den Blutdruck,
- senkt die Cholesterinwerte,
- fördert die Produktion von Geschlechtshormonen und aktiviert ein wichtiges Hauthormon (Solitrol),
- hebt die Stimmung.

Licht im Feng Shui

Im Feng Shui ist Licht die Voraussetzung für Lebensenergie. Der Eingangsbereich eines Gebäudes oder einer Wohnung wird daher immer hell ausgeleuchtet, um den Chi-Fluss in das Gebäude hinein zu erleichtern. Auch Gaststätten und Hotels nutzen diesen einladenden Effekt des Lichts.

Um einen Raum richtig auszuleuchten, ist es wichtig, auf eine gesundheitsfördernde Lichtfarbe zu achten. Verwenden Sie besser keine Neonröhren, sondern normale Glühbirnen oder andere Lampen, die warmes Licht geben. Ist ein Raum sehr niedrig, kann mit einem Deckenfluter Abhilfe geschaffen werden.

Auch der Weg zum Gebäude leitet den Chi-Fluss besser, wenn er gut ausgeleuchtet ist. Ein ungünstiger Grundriss des Grundstücks, etwa eine L-Form, kann auch mit einer hellen Lampe ausgeglichen werden. Selbstverständlich müssen defekte Lichtquellen immer sofort erneuert werden, denn Licht verbreitet Freude im Leben.

Bringen Sie Farbe in den Stall!

In den meisten Ställen wird kaum Farbe verwendet oder nur eine dunkle, damit man den Dreck nicht so sieht. Weiße Pferdeställe, die jedes Jahr frisch gekalkt werden, gibt es heute nur noch vereinzelt. Dabei ist es für das Wohlbefinden aller Stallbewohner

nicht nur wichtig, dass es hell und sauber ist – auch ein freundlicher Anstrich kann den Stall positiv verändern.
Wie das Licht, so nehmen auch die Farben Einfluss auf Körper und Seele. Da das Farbempfinden zum Teil auch kulturell bedingt zu sein scheint, möchte ich Ihnen die Farben so vorstellen, wie sie in unserer Kultur üblich sind. Einige Farben deuten die Chinesen nämlich ganz anders als wir: Weiß ist in China die Farbe der Trauer und des Todes, Rot dagegen die Farbe des Glücks, weshalb bei Hochzeiten in China Rot die vorherrschende Farbe ist. Sie werden sicher schon bemerkt haben, dass in chinesischen Restaurants viel Rot verwendet wird, um das Glück anzuziehen.

Die Wirkung der Farben

Kühles Blau

Blau wird den kühlen Farben zugeordnet, wirkt beruhigend und entspannend. Vor noch nicht allzu langer Zeit war Blau eine typische Farbe für das Schlafzimmer. Blau gilt bei uns als die Farbe der Treue und der Beständigkeit. Auch in der Poesie spielt Blau eine wichtige Rolle, man denke an »den Zauber der blauen Stunde« oder die »Blaue Blume« der Romantiker.
Eine Box in Taubenblau, abgesetzt mit Weiß, wäre das Richtige für ein nervöses Pferd.

Klares Türkis

Auch Türkis ist eine kühle Farbe, sie ist klar und fördert Verständigung und Kommunikation. Damit soll man sogar elektromagnetische Spannungsfelder neutralisieren können.

Erholsames Grün

Ein nicht zu dunkles, nicht blaustichiges Grün ist ebenfalls eine schöne Farbe für den Stall. Es wirkt erholsam und heilend auf Körper und Seele. Grün fördert Ausgeglichenheit und Frieden, verleiht Frische, fördert eine positive Lebenseinstellung und regt die Kreativität an.
Wäre es nicht wunderbar, Ihr Pferd könnte sich in einer so freundlichen Umgebung entspannen und relaxen, bis es Ihnen wieder zu Diensten sein soll?

Warmes Gelb

Gelb gehört zu den warmen Farben. Es steht für Kommunikation und Verständigung und eignet sich deshalb auch gut für das Reiterstübchen. Gelb ist anregend und fördert Kreativität und Konzentration. Wäre es daher nicht auch eine Farbe für die Reithalle? Achten Sie aber darauf, dass Sie ein warmes Gelb verwenden, das nicht grünstichig wirkt und eher an die Sonne als an Zitronen erinnert.

Feuriges Rot

Rot ist wie das Feuer, aktiv, wild und voller Vitalität. Ein Zuviel an Rot kann jedoch Aggressionen wecken. Wenn Sie Rot in Ihrem Stall verwenden wollen, gehen Sie sparsam damit um. Eine Borte unter der Decke oder eine kleine rote Wand oder Tür, an die viel Licht kommt, reichen aus. Rot vertreibt schädliches Chi, schon deshalb sollte man rote Blumen oder rote Bänder im Stall unterbringen.

Anregendes Orange

Orange ist eine Mischfarbe aus Rot und Gelb, also wärmend und anregend. Eine schöne Farbe für ein phlegmatisches Pferd. Aber auch Orange sollte man eher zurückhaltend verwenden. In der Box lässt es sich gut mit Weiß kombinieren. Für einen Lauf- oder Offenstall, in dem mehrere Pferde zusammen leben, ist es sehr gut geeignet. Durch den Rotanteil ist es auch eine Glücksfarbe.

Ruhiges Braun

Braun symbolisiert Erdverbundenheit und Verlässlichkeit. Eine dunkle Farbe, die aber auch traurig wirken kann, wenn sie zu dunkel wird und zum Schwarzen tendiert. Im Innenbereich sollten Sie Braun auf jeden Fall mit hellen Farbtönen kombinieren. Für den Außenanstrich eines Holzstalles ist es sehr gut geeignet, da es sich harmonisch in die natürlichen Farben der Landschaft einfügt.

Weiß

Als Lichtfarbe enthält Weiß alle anderen Farben: Leitet man weißes Licht durch ein Prisma, spaltet es sich in die Regenbogenfarben auf. Da Weiß alle anderen Farben enthält, kann man es auch mit jeder anderen Farbe kombinieren. Es steht für Reinheit und Vollkommenheit. Ein rein weißer Raum kann jedoch schnell steril und kalt wirken, deswegen sollte Weiß immer zusammen mit einer anderen Farbe verwendet werden. Jede andere Farbe wird im Kontrast zu Weiß leuchtender.

Schwarz

Addiert man alle Farben aufeinander, erhält man Schwarz. In unserem Kulturkreis ist Schwarz die Farbe der Trauer und des Schmerzes. Es absorbiert das Licht, weswegen dunkle Ställe oft deprimierend wirken. Für den Innenraum ist es deshalb nicht geeignet, außen kann es besonders an der Nordwand des Stalles eingesetzt werden.

Der ideale Innenanstrich für einen Pferdestall besteht für mich aus Weiß mit Sonnengelb, einer Kombination, wie sie übrigens schon in den Ställen der K. u. K.-Monarchie üblich war. Auch Weiß mit Taubenblau sieht gut aus und die Pferde fühlen sich in diesen Farben wohl.

Fallbeispiel

Ich hielt einmal einen Kurs für Bodenarbeit mit Pferden in einem Reitstall ab. Es waren die unterschiedlichsten Pferde vertreten. Besonders auffällig war ein Brauner, der immer leicht abwesend schien und nur schwer dazu zu bewegen war, wirklich mitzumachen. Ich fragte die Besitzerin, ob das Pferd schon immer so gewesen sei, und sie meinte, das Tier habe sich erst so verändert, seit es hier im Stall stehen würde. Wir schauten uns daraufhin den Stall an. Er war düster, dunkel gestrichen und machte einen unfreundlichen Eindruck. Die anderen Pferde waren unruhig, legten die Ohren an, wenn man vorbeiging, und machten einen unausgeglichenen Eindruck. Am Abend sprach ich lange mit dem

Die richtigen Stall-Farben

Wenn Sie unsicher sind, welche Farben Sie für Ihren Stall verwenden wollen, nehmen Sie als Grundfarbe Weiß und kombinieren Sie diese mit einer anderen Farbe Ihrer Wahl.
Aber seien Sie vorsichtig, machen Sie aus Ihrem Stall kein Kaleidoskop. Nicht jede Box sollte eine andere Farbe bekommen. Wenn die Pferde sich sehen können, sehen sie auch all die bunten Boxen und werden davon unruhig und verwirrt.

Optimale Farben für den Stall.

Besitzer der Reitanlage. Er war sehr aufgeschlossen und nicht abgeneigt, in dem Stall einiges zu verändern.

Monate später habe ich mir den neuen Stall angesehen, er war komplett neu aufgebaut worden: alles war hell und in freundlichen Farben gestaltet, es gab keine dunklen Ecken mehr. Die Gitterstäbe zwischen den Boxen reichten bis zum Boden, zur Stallgasse hin waren sie nur halbhoch, so dass die Pferde immer die Köpfe zueinander stecken konnten. Die Boxen hatten Ausläufe nach draußen bekommen. Auch das Hallendach war erneuert worden, hier konnte nun viel Licht von oben einfallen.

Bei meinem zweiten Kurs in diesem Stall waren die Pferde ausgeglichen, aber wach und voller Tatendrang. Es herrschte eine fröhliche, herzliche und kameradschaftliche Atmosphäre, wie man es nur selten antrifft, obwohl die unterschiedlichsten Einsteller in diesem Stall waren. Das braune Pferd habe ich zuerst gar nicht wieder erkannt. Es präsentierte sich nun mit wachem

■ *Warme Farben und weiche Formen versprechen Lebenskraft und Glück. Die Zacken über den Torbögen müssten allerdings abgerundet oder durch Klangspiele neutralisiert werden.*

Blick, manchmal fast ein bisschen zu temperamentvoll. Der Stallbesitzer erzählte mir noch, dass er sich vor Anfragen kaum retten könne und überlege, einen weiteren Trakt anzubauen – ebenfalls nach den Richtlinien des Feng Shui!

Farbe und Lage der Türen

Im Feng Shui wird der Lage der Türen ganz besondere Beachtung geschenkt. Durch die Tür kommt die Lebensenergie ins Haus. Eingangstür und Ausgangstür eines Raumes sollten nie genau gegenüber liegen, damit das Chi nicht gleich wieder hinausfließt, anstatt sich im Raum zu verteilen. Deshalb versucht man auch zu vermeiden, dass ein Fenster direkt gegenüber einer Tür liegt.
Die Lage der Türen bestimmt die Ausrichtung des Hauses. Natürlich spielen auch hier die Himmelsrichtungen und die Elemente eine entscheidende Rolle.

Für die Haupteingangstür des Stalles ist es am besten, wenn sie sich nach Süden hin öffnet. In diesem Fall kann sie rot oder orange gestrichen werden, da dies die Farben des Südens sind. Liegt eine Tür nach Osten oder Südosten, wäre Hellgrün oder kräftiges Grün die geeignete Farbe. Türen, die nach Südwesten oder Nordosten zeigen, sollten gelb oder braun gestrichen werden, für den Westen oder Nordwesten wäre Weiß die richtige

Welche Elemente, Farben und Himmelsrichtungen gehören zusammen?

Element	Farbe	Himmelsrichtung
Feuer	Rot	Süden
Holz	Grün	Osten / Südosten
Erde	Gelb	Südwesten / Nordosten
Metall	Weiß	Westen / Nordwesten
Wasser	Blau	Norden

Ein solcher Kranz sorgt für positive Energie.

Farbe. Türen im Norden werden schwarz oder blau gestrichen. Links und rechts neben dem Eingang stellen die Chinesen gerne Tempellöwen auf, die den Eingang bewachen. Für den Pferdestall können Sie einen schönen Kranz aus Stroh oder grünen Zweigen verwenden, den Sie mit roten Bändern schmücken. Er symbolisiert Lebenskraft und Glück.

WEITERE HILFSMITTEL DES FENG SHUI

Weitere Hilfsmittel des Feng Shui

■ *Nicht nur in Stall und Hof, sondern auch beim Ausreiten sollten Sie auf gutes Feng Shui achten. In einer solchen Landschaft kann die Seele baumeln. Der harmonische Chi-Strom lädt zum Entspannen ein.*

Spiegel

Im Vorangegangen habe ich schon mehrfach die Anwendung von Spiegeln zur Abwehr negativen Shas und zum Ausgleich fehlender Ecken in unregelmäßigen Grundrissen erwähnt.

Achteckige Weitwinkelspiegel (Ba Gua Spiegel) sind nach außen gewölbt und sehr machtvoll. Sie können sowohl negatives Sha abwehren, als auch positive Schwingungen einfangen. Der Spiegel braucht nicht groß zu sein, sollte aber gezielt ausgerichtet werden.

Hängen Sie ihn unbedingt so auf, dass kein Pferd ihn erreichen kann.

Normale Spiegel eignen sich zur Abwehr und zum Ausgleich fehlender Ecken im Grundriss und zur optischen Erweiterung eines Raumes.

■ *Ein Ba Gua-Spiegel fängt positive Schwingungen ein.*

Im chinesischen Kulturkreis ist man der Meinung, dass Spiegel die Geister sichtbar machen. In einem Schlafzimmerspiegel kann sich die Seele der Schläfer des Nachts erkennen, wodurch der Mensch nicht zur Ruhe kommt. Wenn Sie einen Spiegel im Stall haben, sollten Sie ihn deshalb nachts besser zuhängen.

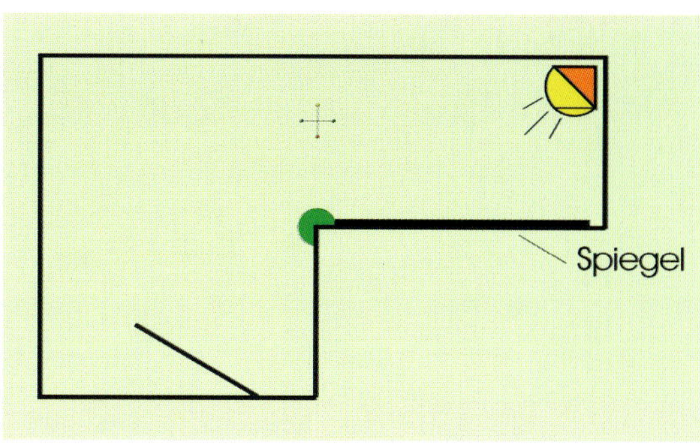

■ *Ein Spiegel gleicht den Grundriss aus. Die vorspringende Ecke wird durch einen runden grünen Pfosten neutralisiert, der Strahler erhellt die dunkle Ecke.*

Wenn die Boxentür genau gegenüber der Eingangstür liegt, können Sie mit einem Spiegel in Augenhöhe den Chi-Fluss davon abhalten, direkt durch die Türe zu entweichen. Alternativ können Sie auch ein glänzendes Türschild verwenden, zum Beispiel sieht ein hochpoliertes Messingschild mit dem Namen Ihres Pferdes sehr dekorativ aus.

Luftverbesserer

Falls die Luftqualität in Ihrem Stall trotz ausreichender Belüftung und regelmäßigem Abmisten zu wünschen übrig lässt, können Sie mit Hilfe ätherischer Öle die Atmosphäre noch verbessern.
Die in Wohnräumen häufig verwendeten Duftlampen sind allerdings wegen der Brandgefahr für den Stall nicht geeignet. Stattdessen können Sie ein Potpourri, eine Schale mit getrockneten Orangen- oder Zitronenschalen oder ätherischen Ölen aufstellen. Zedern- oder Zitronenöl vertreibt mit dem Mief auch noch Fliegen und andere lästige Insekten. Eukalyptus und Kampfer wirken befreiend für die Atemwege. Auch für ätherische Öle gilt allerdings, dass man sie nicht im Übermaß verwenden sollte, sonst kann es zu Reizungen der Atemwege und der Schleimhäute kommen.

Salzlampen

Salzlampen laden die Luft mit Ionen auf, sobald sie eingeschaltet sind. Sie neutralisieren messbar die Auswirkungen des Elektrosmogs: Elektrische Geräte, Hochspannungsleitungen, Computer und Handys verbrauchen näm-

Das richtige Lampen-Gewicht

Raumgröße	Salzlampen-Gewicht
bis zu 12 qm	bis zu 3 kg
ca. 15 qm	bis 6 kg
ca. 20 qm	bis 11 kg
ca. 25 qm und mehr	bis 16 kg

lich negativ geladene Ionen, die für alle Organismen lebensnotwendig sind. Die Salzlampe kann den dadurch entstehenden Mangel ausgleichen, indem sie die Luft wieder ionisiert.

Die Lampe sollte immer eingeschaltet sein, und ihre Größe muss auf den Raum abgestimmt werden: Je größer der Raum, desto schwerer die Lampe.

Es gibt Lampen in verschiedenen Farben, die etwas unterschiedlich wirken. Am bekanntesten und weit verbreitet sind orange Lampen. Sie wirken entspannend und leicht anregend, aprikotfarbene Lampen lockern emotionale Blockaden, rote wirken stark anregend. In Gelb vermitteln sie Heiterkeit, Fröhlichkeit und Optimismus, in Weiß haben sie eine kühlende Wirkung und fördern das Konzentrationsvermögen.

Die Lampen dürfen für die Pferde natürlich nicht erreichbar sein. Ein halbrundes Bord in einer oberen Ecke des Stalls ist ein guter Platz für die Salzlampe.

Musik

Auch Musik kann die Atmosphäre im Raum verbessern und ihn mit gutem Chi erfüllen. Es kommt allerdings ein bisschen auf die Art der Musik an. Experimente mit Pflanzen und Tieren haben gezeigt, dass klassische Musik, vor allem Barockmusik, entspannend wirkt. Wenn Sie ein Radio im Stall haben, achten Sie darauf, dass Sie ruhige, entspannende Musik auswählen, und beschallen Sie Ihre Pferde nicht mit Waschmittelwerbung. Bei mir im Stall läuft ein Endlosband mit barocker und esoterischer Musik.

Zimmerpflanzen

Zimmerpflanzen werden in Wohnungen gern zur Verbesserung der Atmosphäre verwendet, im Stall können sie aber nur sehr eingeschränkt eingesetzt werden, da viele davon für die Pferde giftig sind. Sollten Sie jedoch einen Platz haben, der hell genug ist und an den die Tiere nicht herankommen, zum Beispiel im Reiterstübchen oder der Sattelkammer, können Sie dort Pflanzen mit runden Blättern wie Birkenfeige, Azalee, Chrysantheme oder Gerbera aufstellen. Sie können auch künstliche Pflanzen verwenden – beispielsweise, um Ecken zu entschärfen –, müssen diese aber immer staubfrei halten.

Reinigungszeremonien

Bevor Sie Ihr Pferd in sein neugestaltetes Heim einziehen lassen, können Sie noch eine Reinigungszeremonie abhalten. Solche Rituale gibt es in allen Kulturkreisen, bei den Naturvölkern ebenso wie in der christlichen Kirche. Sie dienen dazu, negative Schwingungen der Vergangenheit zu neutralisieren.

Reinigungzeremonien, bei denen die Ställe »ausgeräuchert« werden, sind zum Beispiel in vielen Bergdörfern der Alpen durchaus üblich. Das Räucherwerk ist von Region zu Region verschieden.

In der Schweiz nimmt man zum Beispiel getrocknete Stechpalmenblätter und Weihrauch. In eine eiserne Schüssel, die nur für diesen Zweck verwendet wird, gibt man Glut aus dem Ofen. Die Blätter werden darauf gelegt und sobald sie Feuer fangen, kommen die Weihrauchkristalle dazu. Dann wird das Ganze ständig geschwenkt, damit viel Rauch entsteht. Die Pfanne schwenkend und ein Gebet sprechend, geht der Bauer durch Haus, Hof und Stall, um die bösen Geister zu vertreiben und um ein gutes Jahr ohne Unfälle oder Krankheiten zu erbitten. Die Indianer nehmen als Räucherwerk getrockneten Salbei, die Chinesen verwenden Räucherstäbchen und laute Feuerwerkskörper.

Bevor Sie mit der Zeremonie beginnen, werden die Räumlichkeiten gründlich geputzt und alle Fenster weit geöffnet. Nach dem Ausmisten fegen Sie den Stall gründlich aus.

Für die Reinigungszeremonie des Feng Shui brauchen Sie ein frisch gewaschenes größeres Tuch, Blumen, Kerzen, eine Schale mit Salz, Räucherstäbchen, ein Glöckchen und eine Schale mit sauberem Wasser.

Breiten Sie das Tuch auf einem Tisch aus, den Sie so aufstellen, dass Sie möglichst den ganzen Stall überblicken können. Dekorieren Sie die Gegenstände in einem Kreis auf dem Tisch und zünden Sie dann die Kerzen und Räucherstäbchen an. Die Blütenblätter streuen Sie über Tisch und Boden.

Nun gehen Sie an der Wand entlang durch den Stall und klatschen dabei abwechselnd in der Nähe der Decke und in der Nähe des Bodens in die Hände. Fangen Sie an der Boxentüre an und beachten Sie besonders die Ecken. Beenden Sie Ihren Gang

wieder an der Tür, durch die Ihr Pferd eintreten wird.
Danach reinigen Sie Ihre Hände mit Seife unter fließendem Wasser.
Nehmen Sie nun das Glöckchen – es sollte einen feinen hellen Ton haben – und läuten Sie jede Ecke des Stalles aus. Dabei können Sie eine kleine Formel sprechen, die lauten könnte: »Glück, Segen und Gesundheit wünsche ich diesem Stall.« Auch danach waschen Sie sich wieder die Hände und auch die Glocke.
Nun versiegeln Sie den frisch gereinigten Stall. Beginnen Sie in der Ecke links vom Eingang. Stellen Sie sich dorthin und heben Sie Ihren rechten Arm zur Decke. Lassen Sie ihn dann dreimal schnell in Richtung Boden fallen. So versiegeln Sie jede Wand des Stalles. Zur Unterstützung können Sie ein brennendes Räucherstäbchen in der Hand halten.
Dann besprenkeln Sie den Boden und die Ecken mit möglichst frischem Wasser und verteilen zum Schluss noch eine Prise Salz im Raum und in jeder Ecke.
Nach dieser Reinigung wird es Ihnen vorkommen, als wäre der Stall heller und die Luft klarer. Warten Sie, bis die Kerzen und Räucherstäbchen abgebrannt sind, und streuen Sie den Stall nicht gleich wieder ein: Die ganze Energie, mit der Sie den Raum aufgeladen haben, braucht etwas Zeit, um zur Ruhe zu kommen.
Ein bis zwei Stunden nach der Zeremonie können Sie die Fenster wieder schließen und die Gegenstände aus dem Stall räumen. Dann streuen Sie ein und bringen Ihr Pferd in sein neues »jungfräuliches« Zuhause.
Bedenken sollten Sie jedoch, dass nicht jeder Ihrer Mitmenschen sich schon mit Feng Shui beschäftigt hat und viele Ihre Zeremonie als Spinnerei abtun könnten. Menschen, die Zweifel an diesen Dingen haben, senden unbewusst negative Schwingungen aus, die Ihre Zeremonie zunichte machen würden. Führen Sie die Zeremonie deshalb nur durch, wenn Sie sicher sind, dass niemand, der sie ablehnt, Ihnen dabei zusehen kann. Wenn Sie sich selbst nicht sicher sind, wählen Sie nur die Teile aus, von deren Nutzen Sie wirklich überzeugt sind. Eine halbherzig und zweifelnd ausgeführte Zeremonie bringt keinen Nutzen.
Bei der Zeremonie sollten Sie ganz entspannt sein und sich voll auf das Ritual konzentrieren.

»Es war einmal ein Mann,
der lernte das Drachentöten.
Dafür gab er sein ganzes Vermögen hin.
Drei Jahre lernte er.
Aber er fand nie eine Gelegenheit,
das Gelernte anzuwenden.«

Dchuang Dse

Sie sehen schon, viel ist zu bedenken, und viel können Sie tun, um Ihr Pferd optimal unterzubringen. Und dabei haben wir hier viele wichtige Themen zum Stallbau allegemein, etwa biologische Baustoffe, außen vor gelassen.

Manches mag Ihnen fremd vorkommen, aber vielleicht möchten Sie sich nun intensiver mit Feng Shui auseinander setzen und sich von den Bildern und der Poesie der chinesischen Kultur anregen lassen, auch Ihr eigenes Umfeld zu verbessern. Im Feng Shui gibt es viele Varianten und Strömungen, die sich im Lauf der Zeit herausgebildet haben. Auch regional gibt es Unterschiede. Der richtige Moment, mit Feng Shui zu beginnen, ist jederzeit.

■ *Probieren statt zweifeln: Wie wirksam Feng Shui ist, werden Sie merken, wenn Sie es ausprobieren. Ihr Pferd wird sich darüber freuen!*

■ *Wo positives Chi fließt, finden Sie meist auch ohne theoretisches Wissen heraus, indem Sie einfach Ihrem Gefühl vertrauen. Die harmonische Atmo-*

sphäre dieses ruhigen Sees vor der Gebirgskette geht mit gutem Feng Shui einher.

SACHREGISTER

Sachregister

BILDNACHWEIS

Bildnachweis

Rik und Bert van Lent:
Seite 11, 15, 38/39, 45, 50/51, 52/53, 63, 66/67, 74/75, 78/79, 99, 102, 107, 108/109

Heike J. von Othegraven:
Seite 18/19, 24, 28/29, 30, 31, 32/33, 35 (2), 36, 37 (2), 40 (2), 44, 48, 65 unten, 77, 80 (3), 81, 82, 83, 84, 93, 94, 111, 112, 113, 120/121

Privat: Seite 8

Ulla Rafail:
Seite 22/23, 68/69

Christiane Slawik:
Seite 9, 26, 42/43, 55, 64, 65 oben, 70, 72/73, 86/87, 88/89, 92, 95, 96, 100, 119

Alle Grafiken in diesem Buch stammen von der Autorin.

Setzen Sie aufs richtige Pferd!

CAVALLO bringt frischen Wind in die Reiterszene. Jedes Heft bietet Dutzende von Ratschlägen, wie Sie Ihr Pferd besser verstehen, füttern oder erziehen können. Oder wie Sie seine und Ihre Leistung steigern. Und deshalb angenehmer reiten.

CAVALLO hat manchmal auch unbequeme Meinungen und packt gern heiße Eisen an.

CAVALLO testet jeden Monat neue Reitschulen und schreibt, was sie taugen. CAVALLO testet Sättel, untersucht Futter oder berichtet über die neuesten Entwicklungen der Pferdemedizin.

Wir schicken Ihnen gern ein Heft zum Testen. Kostenlos natürlich! Postkarte genügt – oder Fax oder e-mail schicken.

CAVALLO, Scholten Verlag,
Postfach 10 37 43
D-70032 Stuttgart,
Fax (0711) 236 04 15
e-mail: redaktion@cavallo.de
Internet: www.cavallo.de

CAVALLO
Das Magazin für aktives Reiten